OPORTUNIDADES DISFARÇADAS 2

CARLOS DOMINGOS

OPORTUNIDADES DISFARÇADAS 2

Histórias reais de pessoas e empresas que transformaram
problemas em grandes oportunidades

SEXTANTE

Copyright © 2019 por Carlos Alberto Domingos

Todos os direitos reservados. Nenhuma parte deste livro pode ser utilizada ou reproduzida sob quaisquer meios existentes sem autorização por escrito dos editores.

preparo de originais: Sheila Louzada
revisão: Ana Grillo, Jean Marcel Montassier e Luis Américo Costa
índice remissivo: Gabriella Russano
projeto gráfico e diagramação: DTPhoenix Editorial
capa: Valdir Bianchi
imagem de capa: Estúdio Pola
impressão e acabamento: Associação Religiosa Imprensa da Fé

CIP-BRASIL. CATALOGAÇÃO NA PUBLICAÇÃO
SINDICATO NACIONAL DOS EDITORES DE LIVROS, RJ

D715o   Domingos, Carlos Alberto
          Oportunidades disfarçadas 2/ Carlos Alberto Domingos. Rio de Janeiro: Sextante, 2019.
          224 p.; 16 x 23 cm.

          Sequência de: Oportunidades disfarçadas
          Inclui índice
          ISBN 978-85-431-0826-1

          1. Administração de empresas. 2. Planejamento empresarial. 3. Administração de crises. 4. Sucesso nos negócios. I. Título.

19-59294
CDD: 658.4012
CDU: 005.336

Todos os direitos reservados, no Brasil, por
GMT Editores Ltda.
Rua Voluntários da Pátria, 45 – 14.º andar – Botafogo
22270-000 – Rio de Janeiro – RJ
Tel.: (21) 2538-4100
E-mail: atendimento@sextante.com.br
www.sextante.com.br

Para meu filho, Diego.
Para minha irmã Maria da Glória (in memoriam).

Sumário

Introdução	9
Oportunidades disfarçadas na insatisfação de clientes	13
Oportunidades disfarçadas nos erros	27
Oportunidades disfarçadas nas crises	39
Oportunidades disfarçadas nos fracassos	49
Oportunidades disfarçadas na concorrência acirrada	65
Oportunidades disfarçadas na ameaça ambiental	85
Oportunidades disfarçadas nas fatalidades	97
Oportunidades disfarçadas no acaso	107
Oportunidades disfarçadas nas tragédias pessoais	117
Oportunidades disfarçadas ao seu redor	131
Oportunidades disfarçadas nas emboscadas	147
Oportunidades disfarçadas nas guerras	159
Oportunidades disfarçadas nas limitações	171
Incorporando a mentalidade Oportunidades Disfarçadas	185
Final (ou início?)	193
Referências	195
Índice remissivo	209

Introdução

Quando introduzi o tema Oportunidades Disfarçadas no Brasil, em 2001, através de artigos publicados no jornal *Valor Econômico*, e posteriormente na forma de livro, em 2009, não imaginava que abordava um conceito secular.

Só fui me dar conta disso ao realizar as pesquisas para este segundo volume. Como estava morando em Londres na época, pude comprovar que o tópico é conhecido na Europa e nos Estados Unidos.

É claro que não me refiro apenas à ideia de transformar problemas em oportunidades – que é tão antiga quanto o homem –, falo é da expressão exata *"opportunity in disguise"*. Ao estudar sua origem, cheguei a meados do século 18, um período tão efervescente nas esferas econômica e política que provavelmente jamais se repetirá: início do capitalismo e da Revolução Industrial e fundação dos Estados Unidos.

A célebre frase "Todo problema é uma oportunidade disfarçada" (*"Every problem is an opportunity in disguise"*) é atribuída tanto a John Adams quanto a Benjamin Franklin. Não há uma fonte histórica que comprove a autoria, mas o curioso é que Adams e Franklin foram contemporâneos e conviveram por cerca de 11 anos, entre 1774 e 1785.[1] Tendo lutado juntos pela independência americana, ambos são considerados pais fundadores dos Estados Unidos. Adams foi ainda o segundo presidente do país.

Se fosse para apostar em um dos dois, eu escolheria Benjamin Franklin. Além de espirituoso frasista, Franklin é considerado o primeiro empreendedor americano. Fundou inúmeras empresas, como editora, companhia de seguros, hospital, serviço postal, biblioteca pública e até a Universidade da Pensilvânia. Concebeu invenções importantes, como as lentes bifocais, o serviço meteorológico e o aquecedor doméstico. E foi ainda embaixador, jornalista, cientista e o político "mais influente em moldar o tipo de sociedade que a América se tornaria".[2] É ele quem estampa a nota de 100 dólares.

Independentemente de quem tenha cunhado a frase em si, a mentalidade Oportunidades Disfarçadas, nascida num momento tão seminal, impregnou-se na cultura americana e influenciou fortemente líderes e empreendedores. John Rockefeller, Thomas Edison, Andrew Carnegie, Abraham Lincoln, Henry J. Kaiser, George Eastman e John Kelloggs, entre outros nomes importantes do século 19, inspiraram-se no legado e no exemplo dos pais fundadores para transformar problemas em oportunidades, através do esforço. Como afirmou Thomas Edison:

"Reconhecer oportunidades é difícil porque elas andam disfarçadas de trabalho."[3]

No século 20, o conceito difundiu-se pelo mundo. Avançou pela Europa, como veremos nos casos das empresas Volkswagen, Lego, Ikea, Vitra, Adidas e Puma, e chegou ao Japão. Taiichi Ohno, fundador do Sistema Toyota de Produção, método que revolucionou a indústria mundial, declarou:

"Um problema é uma oportunidade disfarçada de kaizen *(melhoria contínua)."*[4]

Nos Estados Unidos, a ideia de transformar limão em limonada seguia ainda mais forte. IBM, McDonald's, Best Buy, Johnson & Johnson e Nike, além da cidade de Las Vegas, são alguns dos exemplos aqui relatados. No meu primeiro livro sobre o tema das oportunidades disfarçadas, lançado há dez anos, conto como Lee Iacocca salvou a Chrysler da falência nos anos 1980. É dele a frase:

"Somos continuamente desafiados por grandes oportunidades brilhantemente disfarçadas de problemas insolúveis."[5]

Líderes, teóricos, consultores e gurus como Jack Welch, Ram Charan e Jim Collins sustentam que devemos aproveitar crises e recessões para avançar. Era o que pensava também Peter Drucker, o pai da administração moderna:

"Cada problema social e global é uma oportunidade de negócio disfarçada."[6]

Se essa filosofia foi importante no passado, no século 21 se tornou crucial. A automação e a inteligência artificial ameaçam eliminar 50% dos empregos;[7] o mercado está saturado em praticamente todas as áreas; num futuro próximo, não restará aos profissionais alternativa a não ser criar suas ocupações.

E nada melhor do que erros, limitações, crises, fatalidades, concorrências, fracassos e insatisfação de clientes para nos indicar oportunidades de negócio e de inovação, brechas de mercado, empresas que devem ser abertas, processos e produtos que devem ser aperfeiçoados etc.

Felizmente, a revolução tecnológica tornou mais acessível a concepção de negócios inovadores a partir de problemas do cotidiano. É o que comprovam as histórias da Netflix, da Uber, do Airbnb, do Instagram, do Nubank, do BuzzFeed e do Alibaba, presentes nesta obra.

Depois de conferir quase duas centenas de casos, você concluirá que, nos dias atuais, devemos *procurar* os problemas, e não fugir deles. Só quem for capaz de resolver conflitos, preencher lacunas, propor soluções criativas para situações complexas e fazer mais com menos terá lugar assegurado nesta nova realidade.

A mentalidade Oportunidades Disfarçadas deixou de ser privilégio de grandes líderes e empreendedores para ser atributo necessário a todo executivo. Pela razão darwiniana de sobrevivência.

É por isso que, no último capítulo, descrevo formas de incorporar essa mentalidade no seu dia a dia. Se, como disse Aristóteles, a excelência é um hábito, a atitude de buscar oportunidades nos problemas também é.

Convido você, agora, a entrar no fascinante mundo das Oportunidades Disfarçadas. Conheça esse poderoso modo de pensar que há 240 anos impulsiona o mundo dos negócios.

OPORTUNIDADES DISFARÇADAS NA INSATISFAÇÃO DE CLIENTES

Toda sexta-feira era a mesma coisa: os clientes entravam naquele restaurante McDonald's em Cincinnati, Ohio, procurando um lanche sem carne. Como não encontravam, iam embora frustrados e famintos.

O gerente da franquia, Lou Groen, descobriu que a razão era a religião dominante na área: a católica, que recomenda abstinência de carne às sextas. Para atender ao público, ele próprio elaborou um sanduíche de peixe. "Desenvolvi um empanamento especial, fiz o molho tártaro e levei para a sede da empresa."

Até então, a rede nunca tinha adotado uma sugestão vinda dos franqueados. Mas a receita – e a solução – conquistou a todos. Foi assim que o McFish (Filet-O-Fish, em inglês) incorporou-se ao cardápio do McDonald's.[1]

F OI-SE A ÉPOCA EM QUE EMPRESAS que desrespeitavam os clientes corriam apenas o risco de perdê-los. Em tempos digitais, em que pequenas startups causam grandes mudanças no mercado, o perigo maior é ver os consumidores se transformarem em sérios concorrentes.

Em 1997, o engenheiro americano Reed entrou na Blockbuster para entregar um filme com seis semanas de atraso. Ele tentou se explicar:

– Achei que tivesse perdido a fita.

– Entendo. São 40 dólares, senhor.

– Não dá para a gente negociar? É uma situação esporádica.

– Não. São 40 dólares, senhor.

– Mas sou cliente antigo, jamais atrasei um filme...

– Lamento, regras são regras.

– Isso é um absurdo! Com esse valor eu compro dois filmes novos.

– Lamento, regras são regras!

No final, o cliente precisou pagar 40 dólares para um vendedor que repetia, impassível: "Regras são regras!"

Revoltado, Reed saiu da Blockbuster e, a caminho da academia, ficou remoendo o assunto: "Percebi que o modelo de negócios da academia era muito melhor. A pessoa pagava 30 ou 40 dólares por mês e se exercitava quanto quisesse." Obcecado por isso, o engenheiro se uniu ao amigo Marc e, um ano depois, lançou o novo serviço.

O cliente podia ficar o tempo que quisesse com os títulos, não precisava ir à loja para retirá-los ou entregá-los e todo o processo era feito pelo correio ou pela internet. Foi assim que Reed Hastings e Marc Randolph conceberam a Netflix.

O curioso é que o filme atrasado em questão era *Apollo 13 – Do desastre ao triunfo*. Parece um resumo da própria história de Reed, que partiu de um constrangimento ("Eu não queria falar com a minha mulher sobre isso. Imagine colocar em risco a integridade do meu casamento só por causa de uma multa por atraso!", divertiu-se mais tarde)[2] para uma fortuna pessoal estimada em 3,7 bilhões de dólares.

Outro cliente que não suportou a passividade de um setor foi o investidor americano Travis. Em 2008, ele e seu amigo Garrett tentavam pegar um táxi à noite em Paris. Quem já passou por isso sabe que é uma tarefa árdua. Para piorar, chovia e fazia frio.

Depois de uma hora aguardando, Travis desistiu. Sentou no meio-fio com o terno molhado, olhou para o celular e desabafou: "Que saco! Sabe o que eu queria? Apertar um botão e ter um carro."

Foi esse o insight que levou Travis Kalanick e Garrett Camp a criarem o Uber. Em 2010, o aplicativo chegava às ruas de São Francisco.

Cabe a pergunta: se os executivos tivessem conseguido um táxi naquela noite, o Uber existiria hoje? Provavelmente, não. O processo de viabilização do negócio foi tão desgastante, custoso e desafiador que empreendedores menos persistentes teriam desistido pelo caminho. Travis e Garrett tiveram que lutar bravamente contra governos e sindicatos de taxistas, enfrentando greves, manifestações etc. Só estavam tão determinados porque testemunharam na prática a grave falha das companhias de táxis. Longe de ser um mero detalhe na história, a fatídica noite em Paris foi a pedra fundamental do bilionário novo negócio: "Não sei se vocês já passaram por isso, mas pegar um táxi em Paris pode ser muito, muito difícil", reafirmou Travis em palestra no Royal Albert Hall, em Londres, em 2014.[3]

O Brasil também tem casos de clientes mal atendidos que se tornaram concorrentes de quem os maltratou. Em 2011, o mexicano recém-chegado ao Brasil David foi ao banco abrir uma conta. Ele relata a experiência: "Foi terrível. Tive que ir quatro vezes à agência e aguardar horas na fila." O contato com o SAC não foi melhor: "Você aguarda meia hora, o transferem dez vezes, fala com um atendente que está lendo um roteiro."

Indignado, o engenheiro formado em Stanford decidiu montar o próprio banco. Os colegas zombaram dele: "Quer competir com os cinco maiores bancos, que detêm 90% do mercado? Esquece, você é gringo, não conhece o Brasil."

No entanto, David seguiu em frente. Obteve aporte financeiro nos Estados Unidos e em 2013 lançou o Nubank, atualmente a maior fintech brasileira, avaliada em 4 bilhões de dólares (o equivalente a quatro unicórnios). E a cruzada de David Vélez contra os grandes bancos continua: "Agora queremos trazer quem paga aquelas taxas absurdas."[4]

No Brasil e no mundo, todo homem sabe como é chato o processo de comprar lâminas de barbear. Primeiro, você descobre que sua lâmina está gasta (justamente na hora de fazer a barba). Depois, precisa ir até um estabelecimento para comprar uma nova. Em alguns lugares, precisa chamar um atendente para pegar o produto. Por fim, paga um preço alto de doer.

Aos 32 anos, o americano Michael conversava sobre essa desagradável jornada com o amigo Mark. "É uma fraude! Eu sei onde conseguir lâminas boas e baratas", disparou Mark. Foi quando Michael teve a ideia de montarem um serviço ousado: por uma assinatura mensal, entregar lâminas de barbear na casa dos clientes.

Assim, em 2012 foi lançado nos Estados Unidos o site Dollar Shave Club. "A gente entrega lâminas de alta qualidade na sua porta", dizia o próprio Michael num vídeo que custou apenas 4.500 dólares. "Pare de pagar por tecnologia de que você não precisa (...) Pare de gastar 20 dólares por mês com lâminas de marca, sendo que 19 vão para o Roger Federer" (ele se referia ao garoto-propaganda da Gillette à época).

O vídeo viralizou (atualmente, ultrapassa 26 milhões de visualizações no YouTube). Já no primeiro dia no ar, o número de acessos foi tão grande que derrubou o site. O estoque do produto acabou em seis horas.[5]

Pela sua inovação, comodidade e economia, a empresa rapidamente fez barba, cabelo e bigode no setor. Em um ano, tinha 200 mil assinantes. Em quatro, mais de 3 milhões. A Dollar Shave se destacou tanto que, em 2016, foi adquirida pela Unilever por 1 bilhão de dólares.

Antes de lançarem o próprio negócio, Michael Dubin e Mark Levine provavelmente eram clientes da Gillette, então líder isolada, com 70% do mercado. Três anos depois, a startup havia roubado 11% do *market share* da gigante. E olha que a Gillette teve 110 anos para perceber que o processo de compra do seu produto era penoso...

Não é por acaso que muitas das novas empresas de sucesso são digitais. A combinação inédita de tecnologias inovadoras, mercados favoráveis à disrupção, diferentes opções de *crowdsourcing* e investidores dispostos a apoiar startups deixou a tarefa de empreender mais próxima das pessoas comuns.

Quando digo "pessoas comuns", quero dizer que até leigos podem impactar diferentes áreas. Quer um exemplo? O próprio Michael Dubin não tinha nenhum conhecimento especial sobre lâminas de barbear antes de criar a Dollar Shave. E quem você acha que montou a comunidade de vinhos mais popular da internet? Enólogos e sommeliers? O dinamarquês Theis Søndergaard estava farto dos especialistas esnobes que falam coisas do tipo: "O processo fermentativo deste vinho aveludado, envelhecido no carvalho por 14 anos, tem buquê refinado de perfil tanino blá-blá-blá..." Nesses momentos, ele pensava: "E quando é que a gente bebe?"

A maioria das pessoas só quer isto: tomar um bom vinho. Søndergaard teve a ideia de criar uma comunidade em que usuários comuns classificassem os diferentes rótulos, sem a interferência de experts. Com o projeto na mão, ele procurou investidores. "Sinto muito. Você não entende nada do assunto" foi a frase que mais ouviu.[6] Mas, para Søndergaard, era justamente esse o diferencial da sua ideia. Comunidades de sommeliers e enólogos já existiam aos montes, mas uma criada por (e para) apreciadores comuns era novidade. Foi essa visão de *outsider* que atraiu 36 milhões de usuários para o Vivino, o aplicativo de avaliação de vinhos mais baixado do planeta, que classifica 10 milhões de rótulos. Experimente. É gratuito.

Um grande produtor ou distribuidor poderia ter criado o Vivino? Certamente. Assim como uma companhia de táxis poderia ter criado a Uber. Acontece que, em geral, as grandes empresas estão ocupadas demais com seu negócio para prestar atenção nos clientes. A maioria se diz *customer-centric* (centrada no cliente), quando na verdade não passa de *product-centric* (centrada no produto).

"SUA LIGAÇÃO *NÃO É* IMPORTANTE PARA NÓS"

Em 1994, o professor de matemática Thomas Nicely, da Universidade de Lynchburg, detectou um problema no processador Intel de um dos computadores. Quando ligou para o fabricante, ouviu: "Se realmente existir um erro, afetou uma pequena parcela dos chips." Como perito, Tom sabia que a falha era grave e afetaria milhões de pessoas. Então ele pediu que colegas professores, matemáticos e cientistas testassem suas máquinas e, caso encontrassem o mesmo problema, o relatassem à Intel.

O assunto chegou à mídia. Ainda assim, a companhia negava que fosse um problema maior. Foi apenas quando a IBM, o principal parceiro comercial da Intel, suspendeu a comercialização dos computadores equipados com o chip defeituoso que a fabricante cedeu.[7] Esse é o típico comportamento centrado no produto.

Postura diametralmente oposta adotou a Johnson & Johnson no escândalo do Tylenol, em 1982, quando sete pessoas nas redondezas de Chicago morreram após ingestão do medicamento. A companhia foi rápida em descobrir que alguém havia adulterado a embalagem e envenenado o produto com cianureto. Em vez de se declarar inocente (como de fato era) e cobrar ação pública (pois se tratava de ato terrorista), a J&J resolveu agir. Rapidamente, recolheu todos os comprimidos de Tylenol do território americano, apesar de as mortes terem ocorrido numa região específica, e disponibilizou 2.500 pessoas para esclarecerem o mal-entendido aos veículos de imprensa e ao grande público. Estima-se que a empresa tenha despendido 100 milhões de dólares na operação.[8]

Mas teve suas recompensas: enquanto a Intel perdeu 20 pontos de valor de mercado na crise do chip, a J&J aproveitou o episódio para fortalecer sua imagem. Ganhou a confiança dos clientes e teve sua atuação reconhecida pela mídia. O jornal *Washington Post* escreveu que a empresa estava disposta a fazer o que era certo, independentemente dos custos. "Mas custou 100 milhões de dólares!", pensará você. Sim, acontece que a marca investe quase 2 bilhões anuais em publicidade somente nos Estados Unidos.[9] Logo, parece ter valido a pena.

Mais do que arranhar a credibilidade, ser uma companhia centrada no produto pode ser fatal. Veja o caso das livrarias Borders. Em 2001, com 660 lojas e 20 mil funcionários, a rede americana se preparava para entrar na internet. Note que o meio digital não era mais uma novidade: a bolha da internet havia estourado e o iPod seria lançado naquele ano. Mesmo assim, a Borders decidiu terceirizar suas vendas on-line.

Parecia perfeito: enquanto um parceiro lidaria com toda a chateação e complexidade do canal, a companhia poderia se concentrar no que realmente importava para ela, isto é, as lojas e os livros físicos.

Quando a Borders percebeu o potencial do mercado digital, já era tarde. Em 2007, a rede retomou completamente a operação do parceiro, mas não conseguiu reter a base de clientes. Em 2011, declarou falência.

Sabe qual era esse parceiro da Borders? A Amazon. Na época, ela era uma empresa iniciante, que comercializava produtos de terceiros na internet. Coincidentemente, seu slogan era "*Earth's most customer-centric company*", isto é "a empresa mais centrada no cliente do mundo".[10]

Tive a oportunidade de acompanhar de perto enquanto uma grande empresa focava em seu produto e permanecia alheia às mudanças de hábitos dos consumidores. Em 2009, a Editora Abril contratou minha agência de publicidade para desenvolver o portal VejaSP, guia de lazer e cultura. Quando apresentamos o site, o cliente se surpreendeu com a robustez do projeto. Argumentei que, como a editora era líder em conteúdo no país, deveria replicar esse poderio no meio digital, para onde o público migrava rapidamente. Ouvi a seguinte resposta: "Só queremos estar na internet, meu filho! Esta é uma empresa de papel!"

Em 2018, a Abril entrou em recuperação judicial. Obviamente, não estou relacionando uma coisa com a outra. Seria leviano de minha parte. Mas, sem dúvida, a mentalidade centrada nas revistas físicas contribuiu para seu declínio.

Dirá você: *é* comum empresas estabelecidas não acompanharem as transformações. Mas não são todas. No mesmo ano do episódio da Abril, a Best Buy, líder em eletrônicos nos Estados Unidos, revolucionou o atendimento ao consumidor usando o então novíssimo Twitter. Isso porque, enquanto a venda de eletrônicos na internet crescia, a frequência nas lojas físicas da marca só caía. Acontece que um dos diferenciais da Best Buy é a expertise tecnológica de seus vendedores. Como demonstrar isso se os clientes não entrassem nas lojas?

A saída foi levar o conhecimento da equipe para a rede social. Através do serviço Twelpforce, vendedores tiravam dúvidas de consumidores em tempo real pelo Twitter, 24 horas por dia, sete dias por semana. Qualquer funcionário podia participar, desde que seguisse as boas práticas. Ao todo, 2.200 funcionários se inscreveram, incluindo o CEO, John Bernier. A promessa era ousada: "Queremos que você saiba tudo tão rápido quanto nossa equipe acaba de aprender."

Perceba o diferencial: atendimento feito por funcionários reais e não por um call center do outro lado do mundo. Nenhuma pergunta ficava sem resposta. E o mais admirável é que a equipe foi orientada a não *empurrar* mercadoria. A intenção era ajudar, esclarecer, prestar um serviço. "TV de 50 polegadas? É grande demais para a sua sala. Escolha uma de 29!" Muitas das situações, coletadas diretamente da vida real, transformaram-se em comerciais de TV.

No primeiro ano da ação, as reclamações diminuíram 25%. Em quatro anos, as vendas subiram 14% – mesmo na esteira da crise de 2008. Sem contar a repercussão e toda a mídia espontânea, que consolidou a rede como especialista em tecnologia e clientes.

Como disse a revista *Ad Age*, referindo-se ao Twelpforce: "Serviço é o novo marketing. A mídia social deve ser usada para soluções – não para venda. Talvez o futuro da publicidade esteja menos em comprar impressões e mais em causar boa impressão através de serviço."[11]

Se a sua empresa é do tipo centrada no produto, uma boa notícia: é possível, com boa gestão e determinação, transformá-la em centrada no cliente em poucos anos. Foi o que demonstrou recentemente a Microsoft.

Por mais de três décadas, a companhia girou em torno do sucesso do Windows, família de sistemas operacionais que chegou a deter 90% do mercado. A partir de 2010, porém, os lucros entraram em declínio acelerado. O motivo: queda nas vendas de PCs em favor dos smartphones e da mobilidade. Ou seja, se permanecesse "centrada no Windows", a Microsoft caminharia para a irrelevância.

Foi quando assumiu o CEO indiano Satya Nadella, em 2014. A primeira coisa que ele fez foi monitorar os anseios dos consumidores – executivos e empresas –, e assim descobriu que estavam aflitos e desnorteados com a chegada de tantas tecnologias disruptivas: Internet das Coisas, dispositivos móveis, automação, inteligência artificial, computação na nuvem, blockchain, impressão 3D, big data etc.

Nadella viu naquele quadro caótico a chance de posicionar a Microsoft como a marca capaz de orientar as empresas a realizarem mais facilmente a jornada da transformação digital. Além disso, a indústria 4.0 já estava provocando uma explosão no volume de dados. Para arquivar e gerenciar tanta informação, tornavam-se necessários servidores cada vez mais potentes e custosos.

Diante disso tudo, o indiano promoveu uma mudança radical na companhia, alavancando-a de fabricante de sistemas operacionais para empresa capaz de "atender aos clientes especialmente no aumento da digitalização do trabalho, quando a necessidade de mais automação de processos de negócio está crescendo".

Além disso, a Microsoft se tornou especialista em computação na nuvem – para surpresa de muitos, principalmente dos colaboradores mais próximos.[12] Para os clientes, a solução caiu do céu (com perdão do trocadilho). Não apenas reduzia os gastos com hardware, segurança da informação e data centers como simplificava e ampliava a velocidade do acesso aos dados. Sem contar, claro, o suporte oferecido aos clientes.

Ao focar no consumidor, nas suas necessidades, aflições e angústias, Nadella conseguiu o feito de colocar a Microsoft no seleto grupo de marcas de 1 trilhão de dólares, ao lado de Amazon e Apple.

Porém, em matéria de atenção ao cliente, ninguém supera a americana Zappos. A loja on-line de calçados tornou-se modelo da cultura centrada no consumidor. Em seu SAC, os atendentes não têm limite de tempo para as ligações. A orientação é aprofundar o diálogo e, se possível, criar um laço emocional. Caso descubram que a pessoa vai se casar, ter filhos ou fazer aniversário, por exemplo, a rede lhe manda um presente. Em caso de troca, o novo produto é enviado no dia seguinte à solicitação, antes mesmo de receberem o item devolvido. Em caso de defeito, o valor pago é estornado e – surpresa! – o cliente recebe gratuitamente um produto semelhante (é claro que há políticas para evitar abusos).

"Não acredito que a nossa cultura possa ser clonada", afirmou o CEO Tony Hsieh, que, em 2009, negociou a venda da Zappos para a Amazon por 1,2 bilhão de dólares. De fato, é difícil encontrar outra empresa disposta a auxiliar um desconhecido no meio da madrugada. Certa vez, uma pessoa ligou para a Zappos às duas da manhã pedindo ajuda para encontrar uma pizzaria aberta. O atendente fez a pesquisa e informou um local. "Com isso, talvez tenha conseguido um consumidor fiel para sempre", avaliou uma gerente da área de fidelização.[13]

CONVERTENDO CLIENTES REVOLTADOS EM ENGAJADOS

Em 2006, a Lego apresentava ao mercado o produto Mindstorms, conjunto de peças e ferramentas robóticas. Mas o lançamento foi acompanhado por uma invasão de hackers, que modificaram no sistema o projeto do brinquedo.

A direção ficou em polvorosa. Policiais e advogados foram mobilizados para penalizar os invasores. Foi quando aconteceu algo desconcertante: a equipe responsável comunicou que as mudanças eram positivas. Isso mesmo: o ciberataque *aperfeiçoou* o produto.[14]

Surpresa, a direção da Lego ouviu pacientemente os especialistas e optou por adotar as alterações. A decisão entusiasmou os fãs, que se empenharam em transformar o produto em grande sucesso de vendas. E a parceria não terminou por aí, como veremos no final do capítulo.

Outra empresa que transformou insatisfação em colaboração foi o Facebook. Em 2008, a rede social disponibilizava seu conteúdo apenas em inglês, uma barreira incoerente com sua proposta de "conectar todas as pessoas do planeta". Para conter reclamações, a empresa resolveu pedir auxílio aos usuários. Com o mote "Ajude o Facebook a estar disponível para todos, em todos os lugares, em todos os idiomas", o site lançou um aplicativo que permitia a internautas de todo o mundo contribuir. Para nem ter o trabalho de revisar o conteúdo, a companhia solicitou às pessoas que votassem nas melhores traduções. Foi assim que milhares de páginas de texto foram traduzidas – gratuitamente – por voluntários para 70 idiomas.[15]

Dirá você: para Lego e Facebook, marcas com forte apelo emocional, é fácil obter ajuda na rede. E uma empresa convencional?

Vamos falar, então, de um tradicional jornal impresso. Em 2009, o governo britânico liberou 700 mil documentos sigilosos para consulta pública. O material continha detalhes de despesas de todos os 646 membros da Câmara dos Comuns. Era uma montanha de dados que exigiria anos de análise. Mas, como as informações eram relevantes para a população, os meios de comunicação passaram a ser pressionados para realizar rapidamente a tarefa.

Foi então que o jornal *The Guardian* lançou um desafio inovador. Convidou os próprios leitores para auxiliar na pesquisa do material, no que ficou conhecido como "a maior experiência de *crowdsourcing* da história". Somente nas primeiras 80 horas, 170 mil documentos já haviam sido analisados por cerca de 20 mil voluntários digitais.[16]

Você deve estar pensando: "É possível obter colaboração da rede para a minha marca?" Sim, desde que ela esteja atenta aos clientes, tenha um propósito social (como no caso do Facebook) ou uma causa mobilizadora (como no caso do *The Guardian*).

Pesquisas mostram que as comunidades virtuais se formam ao redor de crenças, preferências e necessidades. O propósito e a causa podem estar relacionados à inovação, ao aperfeiçoamento de produtos e serviços, à questão ambiental, a tornar a vida mais fácil, mais eficiente, mais justa etc. Vale a pena quebrar a cabeça para encontrar um mote engajador. Em 2020, estima-se que haverá 5 bilhões de pessoas on-line. Pense no potencial de apoiadores que o seu negócio pode ter.

E se a parceria entre empresa e cliente for ainda mais longe: os dois se tornarem sócios? Foi o que aconteceu com a Lego Ideas. Apresentada em 2014, a plataforma permite que usuários enviem ideias que possam se transformar em novos produtos Lego. Caso o novo item seja produzido, o criador recebe 1% dos royalties.[17]

Até o momento, o programa foi responsável por megassucessos como as linhas Lego Minecraft, Big Bang Theory, Ghostbusters, Back to The Future, Architecture e Nasa Curiosity Rover.

Importante dizer que a Lego Ideas é uma evolução do atrito que a marca teve com os hackers no caso Mindstorms em 2006. O episódio fez a companhia perceber o potencial dos clientes engajados.

Resumo do capítulo: empresas que subestimam os consumidores correm cada vez mais o risco de ganhar novos concorrentes. E empresas que de fato valorizam e ouvem os clientes ganham fãs, colaboradores e até sócios.

OPORTUNIDADES DISFARÇADAS
NOS ERROS

A rede social Instagram é resultado de um erro. Lançada inicialmente com o nome de Burbn, era uma cópia malfeita do Foursquare. Complicada e com recursos demais, teve poucos downloads, e quem baixou não conseguiu usar.

Quando seus fundadores já pensavam em desistir do negócio e partir para outra, notaram algo interessante: as pessoas usavam cada vez mais um dos recursos secundários do aplicativo, a ferramenta de postar fotos. Não apenas de lugares, mas também de flores, refeições, paisagens etc.

A constatação levou Kevin Systrom e Mike Krieger a abandonar o resto para focarem apenas no compartilhamento de fotos. Foi esse desvio que levou à criação do Instagram, em 2010.

Em 2012, a rede social foi adquirida pelo Facebook por 1 bilhão de dólares.[1]

MAX ESTAVA À BEIRA DE UM *BURNOUT*. Como proprietário de uma pequena escola de idiomas em Rhode Island, Estados Unidos, acumulava as funções de professor, orientador, diretor e até faxineiro. Com tanto trabalho, seu médico o advertiu:

– Você tem que descansar imediatamente!

– E o que eu faço com a minha classe de francês recém-montada, doutor?

O médico deu de ombros, como quem diz: "Problema seu!"

Max colocou um anúncio no jornal solicitando um professor fluente: *"Cherchant un professeur qui parle couramment le français."* Recebeu alguns currículos, selecionou o melhor deles, um francês nativo chamado Nicholas Joly, e pediu para o rapaz começar o mais cedo possível.

Quando Joly chegou, surpresa: ele não falava uma única palavra em inglês.

– Como vai se comunicar com os alunos americanos? – desesperou-se Max.

– O anúncio pedia um professor fluente em francês. Bem, isso eu sou – defendeu-se o rapaz.

Sentindo falta de ar e a cabeça tontear, Max rendeu-se:

– Ok, faça o seguinte: fale pausadamente, explique os objetos usando gestos e, depois, peça que os alunos repitam as palavras. – "E seja o que Deus quiser", pensou.

Depois de seis angustiantes semanas no hospital, Max retornou à escola. Esperava encontrar os alunos revoltados, exigindo o dinheiro de volta. Mas não: estavam animados, falando francês com uma desenvoltura sem precedentes.

Qual foi o milagre? Como ele descobriu depois, o fato de expor os estudantes à situação real de ter que se comunicar com um estrangeiro tornou o processo de aprendizado muito mais dinâmico. Completamente diferente das maçantes aulas tradicionais utilizadas até então.

Foi assim que Maximilian Berlitz criou o método e a escola que levam seu sobrenome. Atualmente, a Berlitz está presente em 70 países e continua ensinando pela fórmula descoberta por engano.[2]

Erros nos levam a desvios, e é lá que estão as oportunidades disfarçadas. Em seguida, veremos casos de ideias e insights de pessoas que aceitaram seguir no desvio do erro.

ERROS NA COZINHA

Na pequena cidade francesa de Lamotte-Beuvron, as irmãs Caroline e Stéphanie tocavam um modesto restaurante. Num determinado dia, Stéphanie colocou para assar uma torta de maçã, mas cometeu um lapso bobo: esqueceu de colocar a massa. Ou seja, no forno havia apenas maçã e açúcar. Na hora em que percebeu o equívoco, Caroline ficou aflita. Os clientes estavam impacientes e não dava tempo de preparar outra fornada. Ela resolveu improvisar: despejou a massa em cima da maçã caramelada e colocou para assar mais alguns minutinhos.

No início, os fregueses estranharam a insólita "torta ao contrário", mas logo pediram mais. Foi assim que as irmãs Stéphanie e Caroline Tatin criaram a *tarte* Tatin, a mais famosa torta francesa.[3]

E essa não é a única receita bem-sucedida que resultou da distração de dois irmãos. John e Bill possuíam um spa no estado americano de Michigan. Certo dia, Bill, o cozinheiro, esqueceu uma bandeja de grãos de milho no forno. Quando retirou, estavam esturricados, secos e quebradiços. Antes de jogar fora, porém, ele resolveu experimentar.

John, o nutricionista, aceitou servir a novidade aos clientes. O resto é história.[4] Os corn flakes dos irmãos Kellogg conquistaram o mundo. A cidade onde essa história aconteceu, Battle Creek, é conhecida até hoje como "Cereal City".

ERROS NO LABORATÓRIO

Na ciência, o erro é tão frequente que já foi incorporado ao processo. Inúmeros avanços e invenções ocorreram por acaso, descuido ou falha. "A ciência é feita de erros, mas são erros úteis, pois levam, pouco a pouco, até a verdade", disse o pai da ficção científica, Júlio Verne.

Foi o caso da americana DuPont. Em 1938, a empresa tentava criar um refrigerante capaz de competir com a Coca-Cola e a Pepsi. Em um dos testes, o químico Roy Plunkett percebeu que a mistura havia se solidificado dentro de um cilindro e resolveu cortar o recipiente para entender o que acontecera. Encontrou uma resina branca na forma de pó, tão escorregadia que era difícil manuseá-la.

A empresa orientou o químico a prosseguir na análise, a fim de encontrar uma utilidade prática para o novo material. O Dr. Plunkett encontrou não uma, mas dezenas de aplicações. Hoje, o Teflon está presente em praticamente todo lugar: panelas, tecidos, tapetes, móveis, fios elétricos, próteses, lâmpadas, vidros, automóveis, propulsores de foguetes etc. De acordo com o *Guinness World Records*, é a substância mais antiaderente do mundo. Por prosseguir no desvio apontado pelo erro, o Dr. Plunkett passou a integrar o National Inventors Hall of Fame, entidade americana que promove os revolucionários da criação industrial.[5]

Algo semelhante ocorreu com o Dr. Harry Coover. Durante a Segunda Guerra Mundial, ele integrava a equipe de cientistas americanos que desenvolvia miras transparentes para armas de precisão.

Mas erraram na mosca, obtendo um líquido muito, muito grudento. Antes de descartar a substância, Coover também partiu para os testes. Surgiu assim a cola instantânea mais vendida no mundo: a Super Bonder. Coover chegou a ser condecorado com a Medalha Nacional de Tecnologia e Inovação em 2009, pelo presidente americano Barack Obama.[6]

ERROS NA LITERATURA EMPRESARIAL

Nem as autoridades mais respeitadas do mundo estão livres de cometer erros. É o que mostram os episódios envolvendo Tom Peters e Jim Collins, dois dos maiores gurus da administração e dos negócios.

Em 1982, Peters lançou *In Search of Excellence* (Em busca da excelência). No livro, ele destaca empresas vencedoras que, em sua opinião, deveriam ser referência para todas as outras em termos de excelência. Apenas dois anos depois, pasme, quase um terço das companhias citadas por Peters enfrentava sérios problemas financeiros. A revista *Business Week* apontou a contradição no artigo "Oops! Who's excellent now?" (Opa, quem é excelente agora?).[7]

Jim Collins também teve a desagradável experiência de ver a história contrariá-lo. Em 1994 e 2001, respectivamente, ele publicou os best-sellers *Feitas para durar* e *Feitas para vencer*, em que explicava como grandes companhias centenárias mantinham o longo sucesso. Mas então veio a crise de 2008 e cerca de 20% das corporações avaliadas por Collins como "imbatíveis" quebraram ou foram adquiridas por concorrentes.

Pense no constrangimento público de um especialista ao apontar empresas "feitas para durar e vencer", mas que não duraram nem venceram.

Porém, diferentemente de Peters, Collins aceitou mudar de direção. Começou a estudar justamente as 11 companhias que havia apontado como "excepcionais" mas que foram à falência e transformou o aprendizado em *Como as gigantes caem*. Lançado originalmente em 2009, o livro foi um novo best-seller, traduzido para 35 idiomas. Pouco depois, a revista *Fortune* o elegeu "o mais influente pensador de negócios da atualidade".[8]

ERROS NO MAR

Se hoje temos botes salva-vidas suficientes nos navios, é porque no *Titanic* não havia. Se hoje o Atlântico Norte é monitorado em busca de icebergs e as embarcações são obrigadas a manter o rádio ligado durante as 24 horas do dia, é porque isso fez uma falta danada no famoso naufrágio de 1912.

Se hoje em dia os cruzeiros dispõem de alarmes de incêndio, detectores de fumaça e escadas de emergência, é porque a ausência deles ocasionou uma série de incêndios de grande porte entre 1980 e 1990.

Se desde 2002 as tripulações são obrigadas por lei a testar regularmente equipamentos de segurança e a fazer simulações de acidentes, é porque antes disso ocorreu uma série de tragédias que poderiam ter sido evitadas por esses procedimentos (na verdade, soa inacreditável que até recentemente não faziam simulações e testes nos equipamentos de segurança).[9]

Se hoje a regra é optar por móveis não inflamáveis dentro de embarcações, é porque em 2006 um simples cigarro causou um incêndio no cruzeiro *Star Princess*, com cerca de 3.800 pessoas a bordo.[10]

Não querendo ser agourento nem pessimista, mas você pode navegar tranquilo até que o próximo incidente revele um descuido ou uma falha que ainda passam despercebidos...

ERROS NO AR

Perguntará você, um viajante aflito: não é possível eliminar totalmente a possibilidade de falhas, pelo menos em setores críticos como os transportes aéreo e marítimo? A resposta é: não. Explicação a seguir.

Em 2000, a Administração Federal de Aviação dos Estados Unidos, órgão responsável pela segurança dos voos no país, anunciou o ambicioso plano Meta Zero Acidente. A medida foi duramente criticada por especialistas. Muitos zombaram do governo, dizendo ser prova inequívoca de que os burocratas desconhecem a realidade da área, em que acidentes e erros humanos nunca são totalmente evitáveis.

No livro *Thinking Through Crisis* (Avaliando crises), a especialista em segurança aérea Amy Fraher confirma: "Por mais que existam dispositivos convencionais de segurança, alguns acidentes são imprevisíveis porque algumas falhas simplesmente não são 'convencionais' (...) Na verdade, essas falhas imprevisíveis são tão inevitáveis que deveríamos chamá-las de 'acidentes normais', não por causa de sua frequência, mas porque são a consequência 'normal' de tecnologias em constante evolução gerando cenários complexos crescentes."[11] Já que os erros são inevitáveis, devemos preparar as equipes para lidar com eles. "Um dos principais fatores que precipitam falhas (...) é a incapacidade dos operadores, treinados *by the book*, de responder adequadamente à medida que novos dados surgem", conclui Fraher.[12]

Em 15 de janeiro de 2009, o piloto Chesley Sully decolou do aeroporto LaGuardia, em Nova York, para logo em seguida colidir com um bando de pássaros. Apesar de as turbinas estarem preparadas para esse tipo de choque, aparentemente o número de aves era maior que o normal. Resultado: os motores pararam de funcionar e o avião iniciou trajetória de queda.

Em casos assim, o manual de bordo recomenda retornar imediatamente ao aeroporto. Mas Sully considerou a manobra arriscada demais. Ele teve segundos para *improvisar* uma saída de emergência: pousar no rio Hudson. A manobra foi tão bem-sucedida que salvou todos os 155 passageiros a bordo. O episódio ficou conhecido como "O milagre do rio Hudson".

Elevado à condição de herói, o piloto Sully também afirmou que devemos preparar as equipes para imprevistos: "Precisamos saber não apenas o que fazer, mas por que o fazemos. Para que, no caso de não haver tempo para consultar todas as orientações escritas, possamos definir prioridades claras, cumpri-las e executá-las bem."[13] A recomendação vale também para o mundo corporativo, como veremos a seguir.

ERROS NAS EMPRESAS

Se mesmo em áreas críticas como aviação e navegação as falhas devem ser consideradas "comuns", imagine no dia a dia das empresas em geral. Apesar disso, os gestores continuam intolerantes com erros. E, quando eles acontecem, a atitude padrão é buscar rapidamente o culpado.

Claro que os erros causados por preguiça, desatenção ou falta de comprometimento devem mesmo ser repreendidos. Segundo pesquisas, a tolerância dos gerentes com a incompetência alheia e com os maus profissionais é a maior causa de insatisfação no trabalho.

O problema é quando se punem até os chamados "erros honestos": aqueles em que, apesar de o colaborador ou a equipe ter dado seu melhor, não atingiu o objetivo esperado. Nesse caso, a prática punitiva costuma ser prejudicial para as corporações porque deixa a equipe insegura, o ambiente tenso e – surpresa! – ocasiona ainda mais erros.

Foi o que apontou uma pesquisa divulgada pela Harvard Business School. A professora Amy Edmondson estudou vários hospitais na tentativa de descobrir uma forma de reduzir os erros médicos. Segundo seu levantamento, era possível evitar incidentes se os profissionais da saúde tivessem um ambiente de segurança psicológica. Ou seja: se pudessem ser francos sobre falhas honestas, sabendo que não seriam punidos.[14]

Além disso, como o clima interno de caça às bruxas faz com que os funcionários tendam a esconder seus tropeços, perde-se a chance de identificar a verdadeira causa do ocorrido. Como escreveu o consultor Stephen Kanitz: "O correto seria realizar o que chamamos de '*post mortem* do problema' e aprender a lição. Fazer *post mortem* significa analisar as razões que nos levaram a tomar a decisão ruim. Quem nos aconselhou mal, quais dados errados usamos, qual foi o raciocínio ou a teoria equivocada utilizada, quais dados temos hoje e quais deveríamos ter tido ao decidir, e assim por diante."[15]

Líderes implacáveis com o erro demonstram insegurança com a própria gestão. "O medo de errar já é um erro e, se analisado, descobre-se no seu fundo o medo da verdade", afirmou o filósofo Hegel. Erros nos convidam a seguir por caminhos diferentes, desconhecidos, que talvez ninguém tenha percorrido antes. Não por acaso, as marcas que mais cometem erros são também as mais inovadoras.

A Ikea, fabricante de móveis que é referência no varejo, já foi chamada de "a empresa que mais erra no mundo".[16] Quem disse isso foi o próprio diretor global de design da marca, Marcus Engman.

De fato, somente nos últimos anos a companhia sueca produziu uma série de equívocos ruidosos. Em 2012, lançou na Europa uma linha própria de televisores, mas logo a retirou do mercado. No mesmo ano, revoltou árabes ao apagar mulheres de seu catálogo anual na Arábia Saudita. Em 2013, indignou muitos russos ao eliminar um casal de lésbicas de uma edição de sua revista mensal no país. Em 2014, ofendeu sul-coreanos ao chamar o Mar do Leste de Mar do Japão, mexendo num vespeiro histórico de soberania nacional. Por fim, ainda hoje alguns produtos da marca são tão difíceis de montar que receberam o apelido interno de "*husband killers*" (matadores de marido).

E como a Ikea lida com esses tropeços? Demitindo e punindo as equipes responsáveis? Nada disso. Encarando como aprendizado. É o pensamento do fundador da empresa, Ingvar Kamprad: "Cometer erros é o privilégio de quem tenta. Somente pessoas medíocres são sempre negativas, passando o tempo todo provando que não estão erradas."[17]

Essa visão lúcida e moderna contribui para a marca conquistar o mundo. A Ikea já está presente em mais mercados do que Walmart e

Carrefour, e seu faturamento não para de crescer. Em 2018, chegou a 44 bilhões de dólares. Em 2020, a meta é atingir 50 bilhões. Como? Talvez cometendo mais erros. "Somos campeões mundiais em cometer erros, mas também somos muito bons em corrigi-los", finaliza Engman.

Outro bom exemplo de atitude empresarial é a Pixar/Disney, cujo presidente, Ed Catmull, afirma manter um ambiente propício para a equipe correr riscos: "Muitas companhias querem ouvir apenas respostas supostamente certas. Isso não funciona. O medo de errar vive dentro de todos nós. Aprendemos isso muito cedo na vida. Na escola, se você fracassa, logo ganha a fama de burro. (…) Isso é meio estranho, pois cada um de nós sabe que é bom no que faz justamente porque, ao longo da vida, aprendeu com os erros e os fracassos. Sem errar não se acerta."[18]

Na Pixar/Disney, espera-se que apenas 25% das ideias da equipe sejam aproveitadas. Ou seja, os estúdios trabalham com a taxa de 75% de… erros. "Aqueles executivos que estão colocando dinheiro em algum projeto e querem 100% de aproveitamento não entendem o que é pesquisa", dispara Catmull.

◆ ◆ ◆

Se você ainda não reconheceu o potencial extraordinário dos erros, só me resta apelar a um argumento fortíssimo: o Incrível Hulk.

Tanto na ficção como na vida real, o personagem da Marvel é uma prova de como os desvios podem nos beneficiar. Nos quadrinhos, o Dr. Bruce Banner sofre uma enorme carga de radiação de raios gama e, em vez de adoecer, torna-se imbatível.

Na vida real, uma das características mais marcantes do herói, a cor verde, foi resultado de um erro de impressão. Na revista de 1962, a cor originalmente pensada por Stan Lee para o Hulk era o cinza.[19]

OPORTUNIDADES DISFARÇADAS NAS CRISES

A expressão "Sonho Americano" surgiu em 1931, em plena Grande Depressão.[1] *Parece incoerente que a ideia de que qualquer pessoa pode triunfar nos Estados Unidos tenha surgido na pior crise da história, quando o país perdeu metade do PIB e 25% dos empregos formais.*

Na verdade, faz sentido: é no momento de maior dificuldade que as pessoas precisam continuar acreditando. Movidas por um ideal ou sonho, elas reagem, seguem em frente e se esforçam mais. Com isso, as chances de êxito pessoal e coletivo aumentam.

A seguir, você verá quatro histórias surpreendentes ocorridas durante a Grande Depressão. Afinal, se crises escondem oportunidades, grandes crises escondem grandes oportunidades.

Robert era um sujeito simples, sem estudo, tímido e com dentes assustadoramente tortos. Nos anos 1920, tentava ganhar a vida publicando cartuns no jornal americano *New York Post*.

Os quadrinhos traziam fatos incomuns, reais e desconhecidos do grande público, como a galinha que viveu 17 dias sem cabeça, o menino que morreu de velhice aos 6 anos, o homem que escreveu 128 letras do alfabeto em um grão de arroz, e assim por diante.

O cartunista atuava na mais completa obscuridade até estourar a crise de 1929. De uma hora para outra, ele se tornou celebridade nacional. Um milionário colecionador de namoradas, carrões, mansões e proprietário até de uma ilha. O que aconteceu?

A Grande Depressão foi a pior recessão econômica na história do mundo industrializado. No auge do colapso, havia 15 milhões de desempregados nos Estados Unidos. Sem poder gastar ou viajar, as famílias tiveram que encontrar outras formas de diversão e entretenimento.

Os cartuns de Robert ocuparam essa lacuna. Curiosos e divertidos, tornaram-se assunto nacional. Em bares, praças, ruas e salões de beleza era comum ver as pessoas discutindo se aqueles fatos extraordinários eram mesmo reais: o pai e o filho que não tinham uma das pernas e dividiam o mesmo par de sapatos, o peixe que andava e a cobra que voava, Saint Patrick não era santo nem se chamava Patrick, Buffalo Bill não era índio e jamais matou um búfalo.

Tamanha repercussão atraiu a atenção do magnata William Hearst, que contratou o cartunista a peso de ouro. Ele expôs o trabalho do artista em todos os seus veículos – jornais, TV, rádio e livro –, além de organizar exposições.

Essa é a trajetória de Robert Ripley, fundador do grupo Believe it or Not! (título de seus cartuns) e primeiro desenhista da história a se tornar milionário e famoso. Em 1936, uma pesquisa o apontou como a personalidade mais popular dos Estados Unidos.[2]

Atualmente, o grupo Believe it or Not! é uma rede composta por 100 atrações, museus, lojas e aquários nos quatro cantos do mundo. No Brasil, a franquia se tornou conhecida nos anos 1980 pela série de TV *Acredite se quiser!*, apresentada pelo ator Jack Palance.

A virada na carreira do cartunista foi tão espetacular que certamente renderia um de seus cartuns: o pobre que ficou rico enquanto os ricos ficavam pobres. O próprio Robert nunca compreendeu exatamente o que aconteceu. Chegou a registrar sua perplexidade: "Um homem pode trabalhar na escuridão por 10 anos e se tornar famoso em 10 minutos."[3]

Não há registro de outro artista que tenha se dado tão bem durante o caos financeiro, mas a história comprova que, assim como os quadrinhos, outros segmentos da indústria do entretenimento podem se beneficiar em meio a crises – cinema, música, artes plásticas –, inclusive fazendo surgir novas tecnologias.

Lançamentos de Hollywood – como *O exorcista*, *Serpico*, *Indiana Jones*, *E.T.*, *Homem de Ferro* e *Batman* – alcançaram recordes históricos de público nas crises de 1974, 1982 e 2008. Logo após o estouro da bolha imobiliária, por exemplo, a bilheteria do cinema americano bateu pela primeira vez a marca de 1 bilhão de dólares.[4] Novos formatos e padrões tecnológicos, como VHS e Blu-ray, tornaram-se populares justamente em momentos de grande estagnação financeira – 1981 e 2008, respectivamente.

Na recente recessão brasileira (2014-2016), o fenômeno se repetiu. Em 2015, auge da turbulência, foram abertas 252 salas de cinema e a bilheteria cresceu 20%.[5] Nesse mesmo ano, a Netflix avançou 90% no país. E o Brasil foi apontado pelo fundador Reed Hastings como o "foguete da companhia".[6] O festival de música Lollapalooza foi trazido ao Brasil em 2012 e explodiu durante os anos de estagnação da economia. Já a Comic Con SP saltou de uma simples feira de quadrinhos em 2014 para o maior evento da cultura pop no mundo.[7] Isso mesmo: do mundo. Acredite... se quiser!

Pois é: quando tudo vai mal, as pessoas precisam de um escape. Algo que as alivie e ajude a esquecer toda a angústia, o desânimo e a insegurança.

COMO A ARTE AJUDOU A SALVAR OS ESTADOS UNIDOS

Responda rápido: se você fosse presidente dos Estados Unidos em plena Grande Depressão, com 60% de queda nas exportações, 50% dos bancos públicos quebrados e o desemprego atingindo 25% da população, você combateria a situação investindo em... arte?

Pois foi exatamente o que fez Franklin Roosevelt em 1933. Seu plano de governo New Deal incluía, além de medidas para estimular a economia, um extenso programa de incentivo a diferentes modalidades de arte. O Federal Art Project contratou cerca de 10 mil artistas, promoveu centenas de exposições pelo país e ofereceu à população cursos gratuitos de desenho, pintura, teatro, música e oficina de livros infantis. Entre 1933 e 1937, os artistas comissionados (pintores, escultores e artistas gráficos) produziram cerca de 108 mil pinturas e 17 mil esculturas. O governo patrocinou ainda 100 novos centros e galerias em regiões onde a arte ainda era pouco valorizada.[8]

Soa incompreensível que, em uma situação econômica catastrófica como essa, um presidente decida investir parte da já limitada verba pública em algo aparentemente supérfluo e não prioritário, não é mesmo?

Roosevelt pensava diferente. Ele sabia que, em períodos difíceis, tão importante quanto estimular a economia é cuidar do moral do povo. Gente deprimida, angustiada e desmotivada não pode contribuir ativamente para a reconstrução de um país.

A palavra crise vem do grego *krisis*, que significa mudança, pausa, reflexão. É um momento em que as pessoas reveem prioridades, valores e escolhas. E a arte pode auxiliar nesse processo de três maneiras:

- *Entretém, colore e alivia a realidade dura e cinza.* A arte também é uma forma de lazer e entretenimento. Um escape ora divertido, ora reflexivo, ora estimulante. O Federal Art Project permitiu que cidadãos comuns tivessem acesso a trabalhos artísticos originais pela primeira vez. Até então, esse era um privilégio dos mais ricos.
- *Auxilia o povo a lidar melhor com sentimentos desagradáveis.* Em suas obras, os artistas captaram as mudanças que aconteciam ao redor, como desemprego, êxodo rural, urbanização, imigração, industrialização etc. Ao ver sua realidade e suas emoções retratadas nas telas, a população pôde lidar melhor com sentimentos como angústia, medo, insegurança e ansiedade. Em alguns casos, conseguiu até exorcizá-los. "A arte lava da alma a poeira da vida cotidiana", afirmou Picasso.
- *Estimula as pessoas a serem mais criativas.* Artistas são especialistas em se inspirar no caos. Em vencer limitações e fazer mais com menos. Em ver a realidade sob novas perspectivas. Estudos indicam que o contato com as artes visuais aumenta a criatividade e a empatia do público em geral, ao mesmo tempo que reduz o estresse.

O programa de apoio à arte de Roosevelt trouxe ainda um benefício adicional: a valorização do trabalhador comum. Inúmeras obras destacavam a dedicação e o esforço braçal dos operários. Ao ver sua atuação valorizada – e até glamourizada –, a classe trabalhadora obtinha um acréscimo na autoestima.

Além de tudo isso, o Federal Art Project foi uma poderosa ferramenta de marketing. Gratos pelo suporte público, muitos artistas registraram as transformações que vinham acontecendo no período de maneira positiva, otimista e até patriótica, o que funcionou como propaganda subliminar do governo.

Caso você ainda tenha dúvidas se Franklin Roosevelt fez a coisa certa, basta dizer que ele foi reeleito *três* vezes para o cargo – no pior período da história dos Estados Unidos (não só graças ao apoio à arte, claro).

E os reflexos de sua gestão foram muito mais longe. O programa revelou grandes artistas, como Jackson Pollock, Georgia O'Keeffe e Edward Hopper. E preparou o caminho para que os Estados Unidos se tornassem o centro mundial da arte nas décadas seguintes. Por sua visão e seu legado, Roosevelt figura entre os três maiores presidentes americanos da história.[9]

Então, já sabe: fechou o tempo? Inaugure uma exposição. Afinal, qual é o melhor momento para convidar as pessoas para irem ao museu: quando elas estão com tempo livre ou quando estão… atoladas em trabalho?

A CIDADE QUE CRESCEU MAIS RÁPIDO NA HISTÓRIA

Pense agora em um vilarejo no meio de um deserto inóspito. Um lugar a quilômetros de um centro urbano, próximo apenas de tribos indígenas. Castigado por secas, escassez de recursos e falta de empregos. Para piorar, estoura uma gravíssima crise no país, ceifando qualquer esperança de suporte financeiro do governo. O povoado só sobreviveria se encontrasse uma saída alternativa, criasse algo novo, se reinventasse. Aliás, como este livro mostra, as maiores inovações da história surgiram assim: da mais absoluta necessidade.

Estamos falando de Las Vegas no início dos anos 1930. A cidade de apenas 8 mil habitantes agonizava no meio do deserto de Mojave, no estado de Nevada. Veio então a Grande Depressão, e o lugar corria sério risco de literalmente sumir do mapa. Para evitar o pior, o governo de Nevada fez o impensável: afrouxou as leis que proibiam o jogo e a bebida. O objetivo era atrair os operários de uma construção a 70 quilômetros de distância, na esperança de que seus salários movimentassem a fraca economia local.

A ousadia teve impacto muito maior: atraiu visitantes dos estados de Arizona, Colorado, Utah, Oregon e Califórnia. Gente atrás de diversão e de uma forma de esquecer (nem que fosse bebendo) a opressiva situação econômica.

Como a medida funcionou, o governo foi ainda mais longe: facilitou o casamento e o divórcio. Ao contrário dos processos longos e complexos dos demais estados americanos, Nevada passou a permitir realizar ambos rapidamente, sem qualquer burocracia. Isso só fez aumentar ainda mais o apelo de Las Vegas, agora atraindo gente interessada em se casar e se separar (não necessariamente nessa ordem). Atrás dos turistas vieram hotéis, cassinos, restaurantes, casas de shows etc. Foi o início da famosa cidade do pecado.

Mas restava um problema: os estabelecimentos ficavam vazios durante a semana. Para combater a ociosidade, as autoridades decidiram transformar a cidade em destino de convenções e eventos. Nos anos seguintes, foi construído o grandioso Las Vegas Convention Center. Finalmente, na década de 1960, o governo de Nevada autorizou empresas listadas na bolsa a adquirir e administrar casas de jogos. Isso abriu caminho para a portentosa indústria de cassinos que conhecemos hoje.[10]

E foi dessa forma, com ousadia e inovações, que Las Vegas cresceu continuadamente até 2001, quando ocorreu o ataque às Torres Gêmeas. De uma hora para outra, o público desapareceu dos cassinos, hotéis e casas noturnas. Os estabelecimentos ficaram às moscas (viam-se as bolas de feno passando…).

Mais uma vez, o governo recorreu a uma ideia criativa para reverter a situação. Uma campanha publicitária para comunicar o seguinte: esqueça o medo, a angústia e o terror e venha realizar suas fantasias secretamente em Las Vegas.

O mote criado, "O que acontece em Vegas fica em Vegas", acertou em cheio os americanos estressados com a constante e opressiva ameaça terrorista. O público lotou o local atrás de hedonismo, libertinagem e discrição.

A publicidade deu tão certo que é considerada a campanha de turismo mais bem-sucedida da história. O slogan se tornou fenômeno cultural, influenciando a produção de filmes de Hollywood como *Se beber, não case*. Lançada em 2009, a franquia contribuiu para que a cidade superasse outro desafio, a crise de 2008. Ainda hoje, milhares de turistas chegam a Las Vegas para conhecer os lugares e estabelecimentos mostrados nos filmes, entre eles o hotel Caesars Palace.

O fato é que Las Vegas apostou alto e quebrou a banca. Entre 1930 e 2018, foi a cidade americana que mais cresceu, segundo o United States Census Bureau: passou de 8 mil habitantes para 2 milhões, um crescimento de 24.900%. Eu não bebi, foi isso mesmo que você leu: 24.900% de crescimento. Por ano, a cidade recebe cerca de 40 milhões de turistas. Gente que vem de todo o mundo para fazer sabe-se lá o quê, confiando que o que se faz em Vegas fica em Vegas.

ACELERANDO ENQUANTO OS OUTROS FREIAM

Crise é momento de corte de custos, demissões e liquidações, certo? Mas houve uma empresa americana que fez justamente o contrário durante a Grande Depressão: contratou, comprou equipamentos e investiu pesado em inovação. Sabe qual foi o resultado? É o que você verá a seguir.

Em 1932, o presidente de uma fabricante de cartões perfurados acreditava que a crise passaria rápido. Se fizesse os investimentos certos, pensou Thomas, a empresa sairia em vantagem quando a tormenta terminasse. Confiante nisso, ele encomendou máquinas modernas, contratou e treinou novos funcionários e criou um dispendioso centro de inovação. E mais: ampliou benefícios trabalhistas, para reter os melhores profissionais.

Só que os meses foram passando e nada de a recessão arredar pé. Pelo contrário: a situação se agravou. Quando ficou claro que o gestor havia se equivocado terrivelmente, já era tarde. Os prejuízos chegavam a milhões de dólares e os controladores se preparavam para destituí-lo do cargo.

Porém, houve uma reviravolta quando Franklin Roosevelt, então presidente dos Estados Unidos, anunciou a ambiciosa meta de processar todos os dados do serviço social americano. Um desafio gigantesco. E a única companhia capaz de atender à demanda era a encrencada empresa de Thomas, a Internacional Business Machine.

Essa é a história da IBM. Foram a Grande Depressão, a gestão temerária e a sorte do presidente Thomas Watson que a transformaram na empresa mais bem-sucedida do mundo, posição em que permaneceu por 50 anos.[11]

Dirá você: "Mas Thomas teve sorte!" Sem dúvida, assim como Robert Ripley, citado no início do capítulo. Considero a sorte algo tão relevante no mundo dos negócios (como na vida em geral) que dediquei um capítulo inteiro a isso (Oportunidades disfarçadas no acaso). O importante é fazermos o melhor naquilo que está ao nosso alcance. Segundo o consultor americano Jim Collins, durante uma crise os líderes devem investir metade de seus esforços em cortar custos e a outra metade em promover a inovação. A primeira medida permite sobreviver ao período instável; a segunda, sair em vantagem quando a tormenta passar.

OPORTUNIDADES DISFARÇADAS
NOS FRACASSOS

Depois de muito pesquisar, o professor de Línguas Antigas na Universidade de Oxford, no Reino Unido, estava arrasado. John tentava resgatar mitos e lendas tradicionais de seu país, a Inglaterra, para mostrar às vizinhas Islândia e Escandinávia que sua terra também tinha uma mitologia rica. Mas não encontrou absolutamente nada.[1]

Era difícil admitir que tanto trabalho dera em nada. Pensando bem, ele havia feito uma descoberta importante: sua terra não tinha uma mitologia própria. Por que não criar ele mesmo um conjunto moderno de figuras mitológicas para os ingleses?

John teve essa ideia "maluca" enquanto corrigia provas na garagem de casa. Ele anotou no verso de um envelope: "Em um buraco no chão vivia um hobbit." Foi assim que John Ronald Reuel Tolkien – ou apenas J.R.R. Tolkien, como ficou conhecido – deu início à saga O Senhor dos Anéis.[2]

E M 1990, LOGO APÓS A REUNIFICAÇÃO das Alemanhas, houve um verdadeiro desmantelamento do lado oriental do país. Monumentos, símbolos, moeda, leis, sistema de governo e construções foram substituídos pelos valores capitalistas.

O designer Markus Heckhausen caminhava pelos escombros de Berlim quando se deparou com a imagem de um simpático homenzinho. Era o símbolo utilizado para controlar a travessia de pedestres nos sinais de trânsito da ex-Alemanha Oriental.

Heckhausen ficou encantado com o Ampelmann ("homem do semáforo", em alemão). Recolheu diversas peças descartadas na rua, levou para casa e montou algumas luminárias decorativas. Os amigos quiseram comprar as peças. E o designer pensou: "Talvez eu esteja com algo valioso nas mãos." De fato, analisando graficamente, o Ampelmann é mais bem resolvido do que seu correspondente do lado ocidental. "É justo matar um símbolo tão forte só porque foi criado por comunistas?", perguntou-se Heckhausen.

Ele decidiu levantar a questão publicamente. Criou, assim, o movimento "Ajude a preservar o último símbolo da Alemanha Oriental". Inicialmente, a causa obteve o apoio de crianças, mas aos poucos conquistou saudosistas, simpatizantes e, finalmente, formadores de opinião e a mídia em geral.

Graças à enorme repercussão, as autoridades recuaram. O Ampelmann retornou às ruas, não apenas nos cruzamentos do lado oriental, mas também em diversos pontos do lado ocidental.[3] Heckhausen adquiriu os direitos do Ampelmann e aproveitou o burburinho para montar uma loja do personagem, vendendo chaveiros, camisetas, cadernos, bonés, canecas e luminárias. Atualmente, a Ampelmann Company é um luminoso grupo de lojas, restaurantes e cafés, com uma linha de 500 produtos. Em abril de 2018, o personagem foi capa da revista *The Economist* como o símbolo da Alemanha *cool*.[4] E pensar que esse negócio potente e original surgiu num cenário de destruição e ruínas.

Em ruínas ficaram também os brasileiros após a traumática derrota da seleção na final da Copa de 1950. O Brasil chegou à decisão como o grande favorito. Jogava em casa, com o apoio da torcida, embalado por excelente campanha e elenco azeitado.

Nosso adversário era o azarão Uruguai. Um time desacreditado, que chegou à competição sem preparo e parecia já ter ido longe demais. No dia da decisão, 16 de julho, em um Maracanã completamente lotado, o Brasil terminou o primeiro tempo ganhando de 1 a 0. Detalhe: precisava apenas do empate. A torcida já comemorava. Nada podia dar errado. Dizem que alguns jogadores voltaram para o segundo tempo com a faixa de campeão debaixo da camisa.

Mas aconteceu o impensável: o Uruguai virou o jogo, ganhou por 2 a 1 e faturou a taça Jules Rimet. Quando o juiz deu o apito final, fez-se um silêncio sepulcral no estádio. Tente imaginar 200 mil pessoas perplexas e paralisadas.

Quem estava presente à cena nunca esqueceu. Victor foi uma dessas pessoas. Proprietário de uma editora de revistas chamada Primavera, ele constatou: "Naquele instante, ficou confirmado o que todos sabíamos: para o Brasil o futebol é mais que um esporte, menos do que uma guerra – um meio-termo explosivo, colorido, sensacional. Resolvemos que uma das publicações do nosso plano editorial deveria ser uma revista esportiva."[5]

Naquele momento desolador foi concebida a principal publicação de esportes do Brasil: a *Placar*. Essa citação foi extraída do editorial da edição número 1 da revista, assinado por Victor Civita, que logo em seguida renomearia sua empresa como Editora Abril. Talvez por ser estrangeiro, Civita teve o distanciamento emocional necessário para se inspirar nos destroços do Maracanazo.

Outro cenário de destruição que gerou algo novo: uma estação de trem abandonada no bairro de Chelsea, Nova York, desativada desde os anos 1980, estava degradada, repleta de rachaduras, pichações e vazamentos. Muitos temiam o desabamento da estação elevada.

Quando a prefeitura finalmente se decidiu pela demolição do local, um grupo de moradores se opôs: "Deve haver outra utilidade para a construção", protestaram. O movimento cresceu, conquistou adeptos e fez as autoridades adiarem a destruição. Arquitetos foram convocados para pensar uma solução para o elevado.

Assim, em 2009 foi inaugurado o High Line, o maior parque elevado do mundo, com 2,5 quilômetros de alamedas, jardins exuberantes, mobiliário de design e vistas privilegiadas para o rio Hudson, o Rockefeller Center e o Empire State. Considerado uma obra-prima do paisagismo urbano, o High Line promoveu a valorização de toda a região, atraindo galerias de arte, ateliês de artistas, lojas de grifes, restaurantes sofisticados e, claro, hordas de turistas.

Imagine quantas obras abandonadas poderiam ter o mesmo destino: reencarnar como projetos inovadores?

Aconteceu também na França. Uma estação de trem inativa nos arredores de Paris foi transformada no maior campus de startups do mundo. Inaugurada em 2017, a Station F tem estrutura para 3 mil empresas. E já é considerada um dos símbolos da retomada econômica do país.[6]

FRACASSOS QUE VALEM BILHÕES

Em geral, as pessoas não têm interesse ou paciência para coisas velhas, descartadas ou abandonadas. Mas deveriam ter um olhar mais atento. Afinal, podem estar abrindo mão de 53 Oscars.

Todos os anos, Hollywood recebe cerca de 50 mil novos roteiros para avaliação. Desse total, apenas cerca de 0,3% (150) é transformado em filmes. Apesar do filtro rigorosíssimo, porém, parecia que não estavam sendo escolhidos os melhores.

Era o que pensava Franklin Leonard, um executivo do setor cinematográfico. Havia meses que ele não recebia um único roteiro bom. Chegou a pensar que a criatividade havia desaparecido de Hollywood. Cogitou até desistir da profissão: "Ou eu não era bom naquele trabalho, ou tinha que cair fora o mais rápido possível."

Talvez o sistema de triagem não estivesse funcionando tão bem. Talvez os bons roteiros se perdessem no caminho. Talvez os critérios dos chefões dos estúdios estivessem ultrapassados. Tudo isso passou pela cabeça de Leonard, até que ele teve a ideia de criar uma lista de roteiros paralela, independente. Uma relação de roteiros em que somente executivos de médio escalão, como ele, pudessem votar. Um ranking em que chefão algum pudesse interferir no resultado.

Animado, o executivo enviou 100 e-mails a colegas do ramo pedindo os roteiros de que eles mais tinham gostado no último ano, mas que não haviam sido selecionados pelos estúdios. E divulgou, anonimamente, o ranking dos mais votados.

A Black List simplesmente explodiu em Hollywood. Todo mundo queria saber quais eram os roteiros brilhantes que haviam sido "injustiçados".

Isso aconteceu em 2005. De lá para cá, mais de 400 roteiros foram repescados. Juntos, esses filmes conquistaram 53 Oscars, entre eles quatro de melhor filme: *Quem quer ser um milionário?*, *O discurso do rei*, *Argo* e *Spotlight: Segredos revelados*.[7]

Dos últimos 22 roteiristas premiados pela Academia, 10 saíram da Black List. O sucesso foi também de bilheteria: os ex-fracassados geraram, juntos, 26 bilhões de dólares. Uma história cinematográfica, não é mesmo? Surpreendente como o caso que veremos a seguir.

Desde pequeno, o americano Samuel sonhava ser artista. Começou a pintar na infância, e na adolescência se especializou em desenhar retratos. Já adulto, formou-se na prestigiosa Royal Academy of Arts de Londres.

Ao retornar aos Estados Unidos, Samuel fundou a primeira sociedade artística do país, a National Academy of Design. Na Universidade de Nova York, ministrou aulas de pintura e escultura.

Aos 45 anos, depois de tudo isso, o artista resolveu largar a carreira. Frustrado por não receber o reconhecimento e o retorno financeiro esperados, livrou-se de livros, pincéis e tintas. Mas manteve os cavaletes e molduras: talvez servissem para alguma coisa no futuro.

E não é que serviram mesmo? Os primeiros telégrafos foram construídos com as armações dos quadros do ex-artista Samuel Morse. Como inventor, o americano se consagrou rapidamente, tendo criado o telégrafo e o código Morse.

Segundo Sarah Lewis, autora do livro *O poder do fracasso* (de onde tirei essa história), "o código Morse é uma solução simples e elegante, digna de um artista. Reduzir toda a complexidade da comunicação a alguns pontos e traços é um primoroso trabalho de design".[8] Sem a formação artística e estética de Morse, é possível que o código Morse jamais existisse.

O FRACASSO COMO CORREÇÃO DE ROTA

Como você vê, o fracasso nunca é final. Geralmente, é apenas uma etapa, uma correção de rota. Para quem não desiste, pode ser o primeiro passo de uma trajetória vitoriosa.

O professor Eduardo precisava ganhar mais. Depois de se formar em Economia e lecionar na Universidade de Oxford, ele retornou ao Brasil e prosseguiu na carreira acadêmica, mas vivia apertado com o salário de docente.

"Não é justo", pensava ele. Tanta qualificação profissional deveria valer mais dinheiro. Foi por isso que ele aceitou o convite do empresário Jorge Paulo Lemann para ingressar no banco Garantia. Naquele ano de 1994, o Garantia era o destaque do mercado de investimentos no país. Considerado imbatível, havia protagonizado grandes aquisições, como as das Lojas Americanas e da Brahma.

Eduardo chegou animado para o primeiro dia de trabalho. Mas logo estranhou o ambiente de competição extrema e a cultura da meritocracia. A equipe chegava às sete da manhã e começava a ir embora somente às sete da noite. "Pegava mal levantar antes", lembra ele.

No terceiro dia, o economista resolveu abrir um livro para checar uma informação. Todos o olharam como se fosse um extraterrestre: como assim "ler um livro" em pleno olho do furacão? Naquele momento, Eduardo percebeu que ali não era o seu lugar. Em menos de uma semana, pediu as contas. Lemann lamentou: "Achei que você fosse dar um verniz de cultura a essa turma."

Se a meta era permanecer no banco e embolsar um bom dinheiro, sem dúvida foi um claro insucesso. Em 1994, o Garantia teve lucro líquido de quase 1 bilhão de dólares e 90% do valor foi distribuído entre os funcionários.[9] Mas o revés representou uma indispensável e necessária correção de rota na vida do profissional. Ele aprendeu que seu lugar estava em algum ponto entre a universidade e o mundo corporativo. Sua verdadeira vocação era estudar, escrever e compartilhar conhecimento.

Essa é a história de Eduardo Giannetti, escritor e palestrante que tem a rara habilidade de unir análises econômicas a filosofia e temas sociais. Ele é autor de diversos best-sellers, como *Autoengano*, *O valor do amanhã*, *Felicidade* e *Trópicos utópicos*.

A correção de rota do ex-professor de Oxford representou um ganho para nós, seus leitores. Em minha opinião, o país anda mais carente de grandes pensadores do que de mais um bom economista...

Sempre que definimos uma meta e não a atingimos, experimentamos o fracasso. Mas não há fracasso na tentativa em si. Afinal, acumulamos experiência, conhecimento e capital humano que podem ser o pulo do gato numa próxima empreitada.

Outro economista que aproveitou uma oportunidade disfarçada em sua trajetória foi o austríaco Peter. Ele sonhava com uma carreira de brilho como a de seu ídolo Joseph Schumpeter, o badalado criador do conceito de destruição criativa. Peter trabalhava num jornal, onde aproveitava para recolher entrevistas, matérias e notícias sobre seu mestre. Certo dia, ele descobriu que Schumpeter ia dar uma palestra em Viena. Imediatamente, garantiu seu lugar na primeira fila. No dia marcado, estava lá, de caderno e caneta na mão.

Porém... o contato com seu mestre o decepcionou profundamente. Schumpeter se mostrou um sujeito arrogante, egocêntrico e cínico.[10] Defendeu monopólios, glorificou recessões e se referiu a empresários como "nobres medievais". O rapaz saiu do evento abalado e desnorteado. O homem mais admirado de sua área se mostrara completamente alheio às consequências sociais das decisões econômicas. "Ele não se preocupa nem um pouco com o impacto disso tudo na vida do cidadão comum", relatou Peter.

Depois de absorver a frustração e refletir bastante, Peter decidiu não mais seguir aquele caminho. Ele gostava de economia, sim, mas se importava primordialmente com o impacto social das atividades econômicas. Foi essa sutil correção de rota que permitiu o surgimento de Peter... Drucker.[11] O jovem desapontado com seu guru se tornou o pai da administração moderna.

Peter Drucker inovou ao considerar as empresas organizações humanas, e não apenas entidades impessoais com frios dados econômicos. Por mesclar ciência e humanismo, com pitadas de literatura, história, sociologia e até música, tornou-se o pensador de negócios mais influente da história. Publicou cerca de 30 livros, traduzidos para dezenas de idiomas, e foi por 50 anos consultor de algumas das maiores empresas do planeta.

É comum, ao se depararem com alguém que fracassou, as pessoas dizerem: "Ele correu, correu e não chegou a lugar nenhum." Mas o fracasso é um lugar. Um lugar desconfortável, claro, mas com terreno fértil e vista privilegiada.

Terreno fértil porque reúne ideias abandonadas, sobras de materiais, informações fresquíssimas sobre o mercado, insights valiosos e maior autoconhecimento. Como no exemplo de Samuel Morse, em que o sucesso foi construído literalmente com partes do fracasso. E nos casos do Ampelmann e da Black List, em que milhões/bilhões foram resgatados do lixo.

E o fracasso é um lugar com vista privilegiada porque poucos estiveram ali – seja porque não tentaram (logo, não fracassaram), seja porque a maioria não suporta ficar nesse lugar desconfortável.

Como Tolkien. Depois de ver seu trabalho de pesquisa frustrado, ele percebeu que tinha um ponto de vista privilegiado. Somente ele sabia, com segurança, que a Inglaterra não tinha uma mitologia própria.

Ao deixar o banco Garantia, Eduardo Giannetti levou consigo o conhecimento da realidade do mundo empresarial, que somou ao conhecimento formal da universidade. Partindo desse ponto de vista privilegiado, ele criou para si mesmo uma atuação única.

Por isso, se você tiver a infelicidade de fracassar, não tenha tanta pressa em deixar esse lugar: permaneça pelo menos por tempo suficiente para as emoções negativas e os medos irracionais assentarem e você poder analisar a situação com mais equilíbrio e pragmatismo.

Depois de estudar centenas de casos empresariais, posso afirmar: a maioria das histórias de sucesso se segue a episódios de fracasso. Milton Hershey faliu duas vezes antes de fundar uma das mais tradicionais marcas de chocolate no mundo. Jeff Bezos quebrou várias empresas antes de lançar a Amazon. Rowland Macy fracassou sete vezes antes de emplacar a loja de departamentos que leva seu nome.

Não são exceções. É comprovado estatisticamente: quanto mais empresas o fundador tiver criado (mesmo que falhado), maiores são suas chances de sucesso na próxima empreitada.[12]

AS ESCOLAS DEVERIAM TER AULAS DE FRACASSO

Se você está se formando neste momento, lamento informar: você tem grandes chances de fracassar. Não estou sendo pessimista ou alarmista. Estou me baseando nos números.

Se buscarem um emprego, os diplomados enfrentarão uma concorrência brutal. E tudo indica que a tendência é que a situação se intensifique, pois a automação e a inteligência artificial prometem eliminar até 35% dos postos de trabalho nos próximos 20 anos.

Se resolverem empreender, o cenário é ainda mais desafiador. Segundo o IBGE, 60% dos novos negócios no Brasil fecham as portas em menos de cinco anos.

Apesar disso, as faculdades continuam preparando os estudantes apenas para acertar. Estudam fórmulas consagradas, debatem casos de sucesso, premiam os alunos que dão as respostas "corretas". O problema é que, como se diz, na escola a matéria vem antes e o teste, depois. Na vida real, o teste vem antes e a matéria, depois.

É por isso que as escolas deveriam ter aulas de fracasso. Não para os alunos aprenderem a fracassar, lógico, mas para saberem o que fazer quando isso acontecer. Para saberem que o fracasso não é vergonhoso, uma desgraça ou o fim da linha; é apenas uma etapa, uma correção de rota, muitas vezes o início de uma nova jornada. Para saberem que muita gente boa, entre os maiores líderes e empreendedores da história, também passou por isso.

Aulas de fracasso ajudariam os alunos a saber lidar com o enorme preconceito que a sociedade tem contra quem erra. Em países como Brasil e França, fracassar é uma sina que pode acompanhar o indivíduo pelo resto da vida. Já nos Estados Unidos é o contrário: um deslize na carreira é encarado como algo natural e o profissional é encorajado a tentar novamente.

Os estudantes devem ser instruídos a não desprezar, esconder ou negar seus erros. Afinal, apesar de indesejado, o fracasso é o curso mais instrutivo que alguém pode ter. Porque acontece na vida real, sem intermediários, de forma tão intensa e visceral que nenhuma escola jamais poderá repetir a experiência.

Felizmente, algumas instituições pelo mundo já oferecem algo nessa linha. A Harvard tem o Success-Failure Project (Projeto Sucesso-Fracasso), que auxilia os estudantes a cultivarem a resiliência em caso de rejeições e retrocessos. Stanford tem o curso Fail Faster (Fracasse Mais Rápido), que ensina os alunos a enfrentar os insucessos e lidar com a incerteza.

Além disso, crescem no mundo corporativo os eventos dedicados ao tema. Um deles é a FailCon, conferência realizada em mais de 20 países, inclusive o Brasil, que convida empreendedores e líderes a expor suas falhas para uma plateia ampla.

Se a função da universidade é formar profissionais para a realidade do mercado, esta é a dura realidade atual: empregos desaparecendo, profissões mudando, empresas fechando, tecnologias se multiplicando, quebra de paradigmas e incerteza, muita incerteza.

Para Drew Faust, reitora da Universidade Harvard, para obter o sucesso "é preciso primeiro aprender a lidar com o fracasso". Para o consultor americano Jim Collins, os profissionais devem dar o melhor de si na carreira, mas se preparar para o pior. Isso significa cogitar vários cenários, desenvolver a resiliência e enxergar oportunidades menos evidentes.

Em suma, é preciso aulas de fracasso para evitar que exista tanta gente que desiste fácil das coisas, ao estilo Homer Simpson: "Você tentou o melhor de si e fracassou terrivelmente. A lição é: nunca tente."

◆ ◆ ◆

Intencionalmente, explorei neste capítulo situações pelo ponto de vista de indivíduos, e não de empresas, porque acredito que as empresas não passam de conjuntos de pessoas. E só as pessoas, individual ou coletivamente, é que podem fazer escolhas de como abordar um insucesso.

Para quem estiver interessado em uma abordagem mais empresarial, recomendo o livro *Brand Failures* (Fracassos de marcas), do jornalista britânico Matt Haig, que traz dezenas de fracassos protagonizados pelas maiores empresas do mundo – e o que aprenderam com isso. Vou destacar apenas um desses casos, que considero emblemático.

No início dos anos 1990, o McDonald's estava desconfortável com o fato de ser associado somente a fast-food infantil. Na tentativa de mudar sua imagem, contratou um renomado chef para desenvolver opções mais refinadas. Surgiu assim o hambúrguer Arch Deluxe.

Foi elaborada uma grande campanha de lançamento, que mostrava crianças torcendo o nariz para o produto, sob o título: "O hambúrguer com sabor adulto." Um montante recorde na época foi investido na comunicação: 200 milhões de dólares.[13]

E o resultado foi um extraordinário... fracasso. Por diversas razões. Primeiro, porque os clientes da rede não buscam sofisticação, mas conveniência. Além disso, o McDonald's construiu seu sucesso justamente junto às crianças. Ao mostrar seu principal público rejeitando um produto da marca, a empresa deu um tiro no pé: foi acusada de perder a identidade e abalar a conexão emocional com seus clientes.

Assim que identificou o fracasso, a rede rapidamente recolheu anúncios, sanduíches, promotoras, pôsteres etc. A reação típica de gestores, em situação similar, seria substituir imediatamente a campanha, demitir algum diretor e não se falar mais no assunto. Mas o McDonald's fez o oposto: permaneceu no terreno do fracasso. Estudou profundamente o que deu errado, colheu depoimentos, discutiu qual era seu verdadeiro público. Após a reflexão, a rede se convenceu de que seu universo era mesmo o infantil. E que deveria se apoderar e se orgulhar disso.

Do terreno fértil do Arch Deluxe nasceram as ações de marketing mais bem-sucedidas da história recente da marca. Em 1997, um ano após o fiasco, a promoção Teenie Beanies virou febre entre os americanos. Foram distribuídos 250 milhões de bichinhos de pelúcia. Um êxito tão grande que levou a empresa a repetir a ação, em versões atualizadas do brinquedo, em 1999, 2002, 2009 e 2014.[14]

Em 1998, a rede fechou um acordo exclusivo com a Disney/Pixar. Ao longo dos anos seguintes, os megassucessos *Monstros S.A., Car-*

ros, *Procurando Nemo* e *Os Incríveis* fizeram os restaurantes transbordar de clientes. Em 2018, foi renovada a parceria entre McDonald's e Disney/Pixar Animation Studios, Disney Live Action, Marvel Studios e Lucasfilm, com ações sempre focadas no público jovem.

O QUE FAZER QUANDO AS COISAS FOREM PARA O BELELÉU?

Beleléu é uma aprazível cidadezinha onde todo mundo já fracassou. Levou um negócio à falência, tentou algo que não deu certo ou algum outro erro. Você pensa que os beleleuenses são frustrados e deprimidos? Que nada: são um povo alegre e feliz, pois não carrega o peso de ter que acertar sempre. Como todos os habitantes de Beleléu já erraram, não há preconceito. Assim, as pessoas se sentem estimuladas a tentar de novo, correr riscos e descobrir seus limites.

Beleléu é um celeiro de startups. A quantidade de novos negócios que sucumbem todo ano é inimaginável. Tanto que existe o Prêmio Beleléu do Ano, que prestigia as falhas mais espetaculares da cidade. Para as autoridades de Beleléu, as ideias que dão certo não precisam de prêmios; já são reconhecidas pelo mercado, pelo cliente, pelo lucro. Quem precisa de condecoração é aquele que tentou, insistiu, que deu o melhor de si e quase chegou lá.

A agricultura em Beleléu também é reluzente. Porque o solo da cidade é fértil, tem o esterco da frustração, de restos de projetos, de sonhos mortos e de saber reciclado. Tudo isso se decompõe, sofre uma compostagem e se transforma em húmus, palavra que tem a mesma raiz da palavra "humildade". Este é o segredo do crescimento: húmus e humildade.

Você também pode conhecer Beleléu; basta que se aventure em algo novo. Um novo produto, empresa, ideia ou movimento. Ou mesmo um cargo mais alto na sua empresa. Qualquer coisa que possa resultar em fracasso. E, se ele acontecer, espera-se que você fale do assunto de modo franco, sem evasivas, desculpas ou botando a culpa nos outros.

Geograficamente, Beleléu fica perto de Vitória da Conquista. E os beleleuenses se divertem com o fato, apelidando a própria cidade de Fracasso da Derrota.

Os maiores líderes, empresários e empreendedores do Brasil e do mundo já passaram por Beleléu. Sabe por quê? É rota obrigatória para quem está a caminho de Bom Sucesso.

E você, quando vem visitar Beleléu?

OPORTUNIDADES DISFARÇADAS NA CONCORRÊNCIA ACIRRADA

Charles havia desenvolvido uma tese científica inovadora, mas estava hesitante em publicá-la. Temia que, caso estivesse equivocada, abalasse seu prestígio. "É como confessar um assassinato", escreveu para um amigo.[1]

Por isso, o trabalho ficou guardado por longos 15 anos. Até o dia em que o cientista recebeu a carta de um colega defendendo uma tese semelhante à sua.[2] *Foi o empurrão que faltava para Charles Darwin apresentar ao mundo a revolucionária Teoria da Evolução das Espécies.*

O MENINO DE 12 ANOS CHEGA à portaria do jornal e diz:
– Posso falar com o editor? Quero mostrar uns cartuns para ele.
– Você marcou horário?
– Não, mas...
– Sinto muito. O editor é muito ocupado.
Depois de refletir um pouco, o garoto responde:
– Tudo bem, então vou ficar aqui até ele poder me receber.

E ficou mesmo. O dia inteiro plantado ali na entrada do jornal. Só foi embora ao anoitecer. No dia seguinte, às oito da manhã, ele estava lá de novo. E no dia seguinte, a mesma coisa. Até que o porteiro, sensibilizado (ou irritado) com a persistência do rapaz, permitiu que ele entrasse.

Aquele menino era eu. Em poucas semanas, meus cartuns começavam a ser publicados no jornal *Valeparaibano*. Foi assim que dei início à minha carreira de criativo. O mais interessante é que só fiz isso movido pela competitividade: um outro garoto da minha escola já publicava desenhos naquele jornal. "Também vou conseguir!", pensei.

Esta é uma das principais vantagens da concorrência: tirar a gente da zona de conforto e fazer avançar.

Outro exemplo do potencial da competição é o duelo Adidas e Puma. As duas marcas só atingiram o sucesso global por brigarem ferozmente entre si há mais de 60 anos. E tudo começou com uma rivalidade entre irmãos.

Aconteceu assim: Adi e Rudi trabalhavam juntos na fábrica de sapatos do pai, em Herzogenaurach (cidade pequena de nome grande), na Alemanha. Em determinado momento, os irmãos brigaram e romperam relações – o motivo mais comumente citado é que Rudi teria tido um caso com a esposa de Adi. A empresa foi dividida em duas, que se instalaram em lados opostos do rio Aurach, que corta a cidade.

Teve início então uma vigorosa hostilidade. Funcionários da Adidas evitavam se relacionar com o pessoal da Puma (namorar e casar, então, nem pensar). A cidade também entrou na onda, segmentando seus estabelecimentos. Surgiram bares, restaurantes, cabeleireiros, açougues e supermercados específicos por toda parte.

É assim desde 1948. A ferrenha competição impulsiona ambas as fabricantes. A Adidas disputa com a Nike a posição de maior marca esportiva do planeta, e a Puma vem logo em seguida.

O historiador da Puma Helmut Fischer confirma a importância da desavença para o sucesso das empresas. Segundo ele, os irmãos provavelmente fizeram as pazes antes de morrer, "mas eles nunca poderiam dizer isso a suas esposas, muito menos a seus trabalhadores, porque teria sido ruim para os negócios".[3]

Diversas outras empresas líderes em seus mercados também se beneficiam do antagonismo declarado. Coca × Pepsi, McDonald's × Burger King, Hasbro × Mattel, Boeing × Airbus, Ford × GM etc. Aliás, Ford × GM têm sede na mesma cidade (Detroit), nutrem hostilidade mútua e, dizem as más línguas, até espionam os planos uma da outra.

O fato é que competição move. Isso vale tanto para indivíduos quanto para empresas e segmentos inteiros.

Como aconteceu com o cinema e a TV em meados dos anos 1950. Até aquela época, o cinema reinava absoluto como o único meio audiovisual disponível para os anunciantes, mas a crescente popularização dos aparelhos de TV ameaçava as salas de exibição. Preocupados, os exibidores se uniram e, em 1953, criaram a Sawa: Screen Advertising World Association (Associação Mundial de Publicidade no Cinema).

A primeira ação da entidade foi exibir os melhores comerciais – e prestigiar os anunciantes – após o tradicional Festival de Cinema de Cannes.[4] Porém, no ano seguinte, 1954, houve a transmissão inaugural da TV em cores nos Estados Unidos. A novidade maravilhou o público: "É o futuro", diziam todos. Assustada, a Sawa contra-atacou rapidamente: em apenas 60 dias, organizou e realizou o I Festival Internacional do Cinema Publicitário de Cannes.

Bom, a TV não matou o cinema. Pelo contrário: a disputa fortaleceu ambas as mídias. A TV se tornou onipresente e o cinema até recentemente seguia atingindo recordes de público. (No momento, os dois são ameaçados pelo *streaming*, mas essa é outra história.)

Além de contribuir para a permanência do cinema, o festival ganhou vida própria. Cresceu, tornou-se independente e passou a premiar inclusive comerciais de TV. Atualmente, é a maior competição da publicidade mundial (eu mesmo conquistei dezenas de Leões por lá). Em 2018, o faturamento do evento girou em torno de 67 milhões de euros (cerca de 290 milhões de reais). E pensar que esse negócio milionário teve início num duelo dramático.

QUANTO MAIOR A AMEAÇA, MAIORES OS INCENTIVOS PARA INOVAR

Muita gente pensa que inovação é privilégio de companhias grandes, com "dinheiro sobrando", como Amazon, Google, Samsung, Cisco e Apple. Às pequenas e sem recursos, restaria apenas o desafio de sobreviver, pagar salários, impostos etc. "Já está bom demais", reforçarão alguns.

Mas meu estudo sugere o contrário: são as marcas entrantes e os negócios pequenos que, historicamente, introduzem as inovações. Aliás, as grandes só se tornaram grandes porque inovaram quando ainda eram pequenas e frágeis. É só conferir em suas histórias. Justamente por terem apresentado um grande diferencial, garantiram lugar no mercado.

E mais: a maioria esmagadora das inovações disruptivas não ocorre por livre iniciativa dos gestores, mas por absoluta necessidade – uma concorrência feroz, uma crise grave, um cenário de falência iminente. Alguma situação grave o suficiente para que o líder, numa tentativa desesperada de salvar o negócio, aposte em algo novo.

A Intel só entrou no ramo de microprocessadores, nos anos 1980, porque percebeu que o negócio de chips estava indo para o buraco. A Microsoft só abraçou a computação em nuvem quando viu a receita com o Windows despencar.

As startups são a maior prova do poder inovador da necessidade. Veja o caso do Twitter. A plataforma surgiu como um serviço de *podcasting* (chamado Odeo), porém, quando o iTunes entrou no segmento, viu-se ameaçada de ser rapidamente extinta pela gigante.[5] A saída desesperada foi uma mudança radical de atuação, indo para o famoso microblogging de 140 caracteres que conhecemos hoje.

Todas as startups vivem em clima de extrema incerteza, sem garantia de sucesso ou recursos e sofrendo concorrência feroz. Não têm escolha: ou inovam, ou morrem. Não por acaso, as startups têm sido o motor da inovação no mundo.

Já as companhias grandes e saudáveis, em voo de cruzeiro, no conforto da liderança de mercado, tendem a realizar inovações *incrementais*, raramente disruptivas. É o que sustenta o professor americano Clayton Christensen em *O dilema da inovação*: empresas bem-sucedidas têm a tendência de se agarrar a seus produtos "vaca leiteira" em vez de se aventurar em algo novo.

Pode reparar: as grandes só inovam de verdade quando se veem ameaçadas. É por isso que tem tanta companhia gigante adquirindo negócios menores e inovadores: para frear uma ameaça ou simplesmente para evitar que um concorrente os compre antes.

Por falar em empresa grande adquirindo startup, você é capaz de dizer qual destas organizações foi a primeira a investir em robótica?

( ) IBM
( ) Ford
( ) Igreja Católica
( ) General Electric

Por mais surpreendente que pareça, foi a Igreja Católica, no século 16. E, como a vasta maioria das ações inovadoras, essa também ocorreu pela mais absoluta necessidade. Desde o século 14 o catolicismo vinha perdendo prestígio e autoridade no mundo. Mas o baque maior veio em 1517, com a Reforma. Promovida por Martinho Lutero, o movimento rachou a Igreja e criou um concorrente poderoso: o protestantismo.

Para conter a fuga de fiéis e frear o crescimento da rival, a Igreja Católica resolveu investir na maior novidade tecnológica da época: os autômatos, máquinas construídas por inventores independentes que, baseados nos desenhos anatômicos de Leonardo da Vinci, fabricaram os primeiros robôs utilizando maquinários de relógios. As peças iniciais davam vida a passagens e personagens marcantes da Bíblia, como Jesus (que sangrava), a Virgem Maria (que rezava) e Satanás (que rugia). Apesar dos movimentos precários e limitados, os robôs causaram sensação entre os fiéis, que nunca tinham visto máquina alguma. "Só pode ser milagre ou magia!"[6]

E você pensando que esse negócio de multinacional investir em startup fosse algo atual...

Sempre que surge uma nova tecnologia, ampliam-se as possibilidades de solução tanto de problemas novos quanto antigos. Na avassaladora revolução tecnológica em que vivemos, praticamente todos os dias brotam novas ferramentas digitais capazes de oferecer mais agilidade, economia e eficiência aos serviços, produtos e processos. Quem mais deve estar atento a essas novidades são as marcas iniciantes e, acima de tudo, as empresas em dificuldades. A vulnerabilidade estimula a ousadia. Veja os exemplos de Ruanda e do Quênia.

Um dos países mais pobres do mundo, Ruanda sempre sofreu com a alta incidência de doenças e de mortalidade infantil. Estradas precárias só dificultavam a situação, prejudicando o envio de remédios para a população rural. Até que surgiram os drones. As autoridades foram rápidas em identificar o potencial dessa tecnologia e investir pesado nela. Resultado: atualmente, Ruanda é o país mais avançado do mundo em entrega de medicamentos via drones[7] – solução infinitamente mais barata e mais rápida do que pavimentar estradas, por exemplo.

No caso do Quênia, um dos fatores que sempre prejudicaram a economia do país foi a ausência de infraestrutura bancária. Mas a chegada dos dispositivos móveis trouxe novas alternativas, e o governo queniano concentrou os investimentos para viabilizar as transações financeiras via *mobile*. Atualmente, o Quênia está à frente de todos os países nesse quesito.[8] Somente 30% dos brasileiros realizam compras pelo celular, em comparação com quase 60% dos quenianos.

Se sua empresa é pequena e sem recursos, é exatamente por isso que você deve tentar algo muito diferente. A história mostra que não há nada melhor para uma marca entrante ganhar mercado do que um belo diferencial.

O DETALHE QUE FEZ O HOMEM VOAR

A evolução tecnológica em uma área pode impactar outros segmentos aparentemente não relacionados. Por exemplo: você sabia que um avanço na fotografia mudou para sempre a história da aviação?

No final do século 19, o mundo assistia à ferrenha corrida pela invenção do avião. Estavam no páreo (ou na pista) o brasileiro Santos Dumont, o alemão Otto Lilienthal, o inglês Percy Pilcher e os irmãos americanos Wilbur e Orville Wright, entre outros. Acontece que, até então, as tentativas de fazer o homem voar se baseavam no voo dos pássaros: o bater de asas, a estrutura leve, a própria anatomia dos bichos.

Foi quando, na década de 1890, houve um formidável avanço tecnológico na fotografia. O inglês Eadweard Muybridge e o francês Étienne-Jules Marey introduziram a revolucionária câmera *high speed*. Pela primeira vez na história era possível assistir a imagens em movimento, em câmera lenta.

A novidade foi publicada em livro, que incluía a sequência do voo de um pássaro. Nas imagens, foi possível ver claramente que a ave se sustenta no ar não apenas pelo bater de asas, mas também por uma sutil e engenhosa "torção nas asas". É isso que possibilita a esses animais manter o controle do voo mesmo sob variações de correntes de ar, pressão atmosférica e outras intempéries.

Os irmãos Wright foram os pioneiros a reproduzir com sucesso o "torcer das asas" em uma aeronave. Assim, em 1903, realizavam o primeiro voo controlado em uma máquina mais pesada que o ar[9] (em tempo: Santos Dumont sobrevoou a Torre Eiffel em 1901, dois anos antes portanto, mas ele pilotava um dirigível, não uma aeronave mais pesada que o ar).

Qual é a tecnologia mais útil para sua empresa no momento atual? É a que puder contribuir para a solução do problema ou desafio que você tem nas mãos. Mesmo porque é impossível investir de forma consistente e estratégica em tantas tecnologias e inovações ao mesmo tempo: redes sociais, *mobile*, big data, inteligência artificial, impressão 3D, automação, internet das coisas etc.

Como publicitário, eu vivia ouvindo dos meus clientes: "Precisamos estar nisso! (Alguma novidade tecnológica.) Eu perguntava por quê, e a resposta era quase sempre a mesma: "Meu concorrente já está!"

Isso é um equívoco. Deve-se escolher a tecnologia a partir do problema que a empresa está enfrentando. Ou investir em uma novidade que construirá um diferencial estratégico para o negócio. Nunca porque "o concorrente já está". Isso é certeza de dispersão e de gastos desnecessários.

Aliás, você pode até copiar um concorrente. Desde que esteja disposto a fazer melhor que ele. Como veremos a seguir.

EM VEZ DE PLAGIAR, ROUBE

Quando notei pela primeira vez a similaridade entre os produtos da Apple e os da marca alemã Braun, produzidos décadas antes, fiquei perplexo. As semelhanças estéticas são gritantes.

Inúmeros sites afirmam que Steve Jobs e Jonathan Ive simplesmente se apoderaram da linguagem visual criada pelo designer da Braun, Dieter Rams. Como consumidor da Apple, confesso que fiquei decepcionado – ora, a marca que fez história lançando ícones inovadores como iPod e iPhone estava, na verdade, copiando?

Minha admiração pela marca da maçã diminuiu, dando lugar a um interesse crescente por Rams. Este, sim, era um revolucionário, pensei. Então comprei um livro dele, com o significativo título de *As Little Design as Possible* (algo como "O mais simples possível"). Surpresa: o prefácio era de Jonathan Ive.[10]

Se houvera mesmo plágio, o esperado era que Rams estivesse magoado com o pessoal da Apple e jamais convidasse o adversário para abrir seu livro-portfólio. Pelo contrário: o designer alemão confessa admirar a marca que o copiou: "Em muitas revistas, ou na internet, as pessoas comparam produtos da Apple com coisas que projetei (...) Eu não considero isso uma imitação. Vejo como um elogio."[11]

Para tentar entender melhor essa relação, decidi pesquisar mais. Então compreendi o que aconteceu: a Apple não se limitou a copiar os produtos Braun, mas levou adiante a filosofia de Rams. A ideia da simplicidade, beleza e atenção aos detalhes transpassou a questão estética e chegou à usabilidade. Tudo em que Rams acredita foi materializado pela Apple na apresentação dos produtos (muitos nem têm manual) e até na arquitetura das lojas. Resumindo: a Apple foi mais longe que a Braun. Quem reconhece isso é o próprio Rams: "A Apple conseguiu alcançar o que eu nunca consegui (...) Cada vez menos pessoas parecem entender que o design é uma profissão séria; e, para o nosso bem-estar futuro, precisamos de mais empresas que o levem a sério."[12]

"Bons artistas copiam. Grandes artistas roubam", já dizia Picasso (ele próprio suspeito de ter copiado Braque). Você quer se inspirar ou copiar alguém? Pois vá em frente. Se levar o conceito mais adiante que seu criador, se chegar a um ponto em que ninguém esteve antes, serei o primeiro a aplaudi-lo. E não se preocupe com os críticos: podem estar equivocados ou somente desinformados. Como eu próprio estava quando vi pela primeira vez a semelhança entre os produtos Apple e Braun.

TRANSFORMANDO DESVANTAGENS EM VANTAGENS

Como profissional de marketing, posso afirmar: é surpreendente como as marcas tentam se diferenciar na comunicação, mas acabam ficando todas muito parecidas.

Talvez por pertencerem aos mesmos grupos, talvez por se basearem nas mesmas pesquisas, métricas, algoritmos e senso comum. O fato é que todo mundo promete a mesma coisa: ser o melhor, atuar em vários segmentos, servir melhor o cliente, ser politicamente correto etc. Raras empresas têm uma estratégia realmente robusta, única e cristalina como a da Red Bull, que há anos investe 30% do seu faturamento em ações esportivas (atos valem mais que palavras), ou a Patagonia, que desde os anos 1970 combate persistentemente o consumismo (em vez de mudar de discurso a cada dois anos).

Se formos avaliar as histórias das empresas, não faz o menor sentido elas parecerem iguais na comunicação. Nenhuma é igual a outra. Cada uma tem sua origem, sua cultura e seus valores, seus pontos fortes e fracos.

Mas essa falta de autenticidade e mesmice generalizada é oportunidade para as marcas entrantes e os pequenos negócios. O mundo anda carente de coragem, diferenciação verdadeira e propósito. Com habilidade, até pontos fracos podem ser transformados em vantagens competitivas.

Veja, por exemplo, a entrada da Volkswagen no mercado americano no pós-guerra. Talvez nunca tenha existido desafio maior que esse. Para começar, a marca é alemã, e qualquer coisa alemã naquela época era muito malvista. No caso do Volkswagen, o carro era associado ao próprio Adolf Hitler (o *New York Times* chegou a chamá-lo de "o bebê de Hitler").[13] Sem contar que o Fusca era exatamente o oposto do que os americanos buscavam naquele momento: eles queriam carros grandes, e o Fusca era pequeno; queriam robustez, e ele tinha aparência frágil; queriam potência, mas o motor do Fusca era modesto; queriam modernidade, mas o Fusca não mudava de visual desde 1938.

Para ajudar a vencer o enorme desafio, foi selecionada a agência de publicidade Doyle Dane Bernbach, ela mesma também nada de mais: uma empresa média, sem grandes clientes.[14] A primeira coisa que o sócio e diretor de criação Bill Bernach fez foi viajar para a fábrica da Volkswagem na Alemanha, em busca de um DNA, um diferencial, algum milagre capaz de emplacar a marca nos Estados Unidos. E não é que Bill ficou impressionado com a visita? Ele sentiu que havia a preocupação verdadeira em produzir o veículo mais econômico do mercado. A começar pelo nome: em alemão, *Volkswagen* significa "carro do povo". As peças eram intercambiáveis, isto é, serviam em modelos de outros anos, o que barateava manutenção e consertos. Se o Fusca não mudava por fora, incorporava as novidades por dentro. Por último, havia o cuidado com a qualidade: cada veículo era vistoriado inúmeras vezes antes de deixar a fábrica.

Quanto mais Bill falava com os engenheiros e descobria detalhes da produção, mais uma palavra lhe vinha à cabeça: honestidade. Era um carro honesto feito por gente honesta. O publicitário voltou para os Estados Unidos com este briefing na cabeça: "É um carro honesto. Precisamos criar uma campanha honesta para ele."[15]

E os americanos não estavam sendo nem um pouco econômicos ou honestos naquele momento. Havia um clima de prosperidade e competição no ar. Todo mundo queria ter a maior casa, o maior carro, ostentar a riqueza mais evidente. Ninguém parecia preocupado com o preço disso tudo: pressão pelo sucesso, trabalho excessivo, hostilidade, inveja.

Ao elaborar a estratégia de comunicação, Bill achou que deveria ir contra a filosofia de pensar grande. E provocar uma reflexão geral sobre a essência das coisas, o retorno ao básico, o valor do dinheiro e a importância de escolhas conscientes. Se havia riscos? Claro que sim. Enormes. Mas o Fusca não tinha escolha. Ou ousava, ou morria. Afinal, enfrentaria ainda por cima as gigantes e estabelecidas General Motors e Ford.

A primeira peça da campanha trazia o título "Pense pequeno" e um texto destacando as vantagens do preço baixo, da facilidade na manutenção e do fato de não estimular o consumo. O segundo anúncio (sob o título "Limão") destacava um probleminha no carro: "Este porta-luvas precisou ser trocado. Provavelmente você nem notaria isso, mas nosso técnico percebeu." Era a primeira vez que um fabricante destacava um defeito no produto. A intenção era valorizar o cuidado com os detalhes. Outra peça dizia "Este é o Volkswagen anos 51, 52, 53, 54, 55, 56, 57, 58, 59, 60, 61", para deixar claro que as partes eram intercambiáveis e que, assim, o cliente podia ter um carro sempre novo somente trocando algumas peças. Novamente, era o oposto do que a indústria dizia: "Chegou o novo SuperHiperPlus 8! Muito melhor que o anterior. Esqueça o antigo. Você precisa deste!" Em seguida, vieram anúncios ainda mais ousados, destacando aspectos negativos do produto: era pequeno, feio, sem glamour.

Nascida da mais absoluta necessidade, a campanha simplesmente revolucionou a publicidade criativa mundial. Jamais se vira tanta honestidade, irreverência e humanidade na comunicação. Até então, as campanhas limitavam-se a exibir os produtos e tecer elogios.

Se deu resultado? Inicialmente, a mensagem "Pense pequeno" causou surpresa entre os americanos, que precisaram de um tempo para compreender a abordagem. Em poucos dias, porém, o discurso viralizou. Os jovens, especialmente, ficaram entusiasmados: "Então a gente não precisa ser melhor que o vizinho?"

No primeiro ano da campanha, as vendas da VW nos Estados Unidos decolaram 37%. No ano seguinte, o Fusca já representava cerca de 50% dos carros importados no país.[16] Ao assumir suas fragilidades, a marca criou empatia e ligação emocional com os consumidores. No final dos anos 1960, o Fusca foi escolhido para estrear a série *Herbie* nos cinemas. De "bebê de Hitler", o carro se transformou no queridinho da América. Com a chegada da crise do petróleo, o Fusca alcançou a posição de carro mais vendido da história.

A agência DDB repetiu a estratégia de transformar desvantagens em vantagens para outros clientes. A locadora de carros Avis amargava a segunda colocação no mercado, muito atrás da líder Hertz. Num país que, particularmente naquele momento, valorizava o número 1 e tratava os outros como perdedores, a Avis assumiu orgulhosamente a vice-liderança. Com ironia e inteligência, destacou na publicidade as vantagens de não ser a maior: filas menores, atendimento melhor, carros mais limpos, tanques sempre cheios, cinzeiros vazios etc. O humilde slogan dizia "*We try harder*" (Nós nos esforçamos mais).

Para sobreviver à diabólica DDB, as gigantescas e lentas multinacionais de publicidade precisaram se adaptar. Nos anos seguintes, o modelo foi copiado pelas agências americanas e se espalhou pelo mundo.

Será que sua empresa não possui um ponto fraco ou característica aparentemente negativa capaz de sensibilizar e engajar o público? Pense nisso. Mais do que nunca, o mundo anda carente de marcas autênticas, verdadeiras e humanas. "São as imperfeições que nos tornam humanos", disse Joseph Campbell.[17]

O SEGREDO DE MERYL STREEP

Poucos mercados são tão competitivos quanto o do cinema. Milhares de artistas e roteiristas se acotovelam pelo privilégio de estarem em pelo menos um dos cerca de 150 filmes produzidos anualmente em Hollywood. Nesse ambiente ultracompetitivo, causa surpresa como Meryl Streep consegue se destacar tanto.

Note que nossos maiores ídolos – Tom Hanks, Robert De Niro, Nicole Kidman, Jack Nicholson... cite quem você quiser – disputam o Oscar uma vez aqui, outra acolá. Meryl, não: já foi indicada 21 vezes. Desde 1979, concorre praticamente ano sim, ano não. Um assombro. Não existe na história da Academia outro nome, seja homem ou mulher, com desempenho tão extraordinário.

O que me intriga é que Meryl não é um gênio. Não me entenda mal: quero dizer que ela não tem aquele perfil impulsivo, neurótico e cheio de manias. Pelo contrário: ela não se envolve em escândalos, não dá declarações bombásticas, não alimenta tabloides sensacionalistas. Parece levar uma vida bem comum, monótona até. Está casada há 40 anos com o mesmo homem e tem quatro filhos, todos também normalíssimos.

Se ela não é um gênio, então deve ter desenvolvido um processo de trabalho genial, eu acreditava. Uma fórmula de produzir excelência. Afinal, todas as suas interpretações são acima da média, a maioria digna de prêmio. "Que processo eficiente é esse?", sempre me indaguei.

Foi numa entrevista publicada em 2011, por ocasião do lançamento de *A Dama de Ferro*, que encontrei pistas. Nas entrelinhas, a atriz americana sugeria que não "entra num papel", mas busca dentro de si o papel que sempre esteve lá. Vou explicar melhor usando o próprio filme sobre a vida de Margaret Thatcher.

Ao assumir o posto de primeira-ministra, em 1979, Thatcher foi a primeira mulher a chegar ao cargo mais alto do Reino Unido. Como era de se esperar, enfrentou preconceito, descrença e resistência do Parlamento majoritariamente masculino. Para se firmar como líder, teve que criar uma carapaça, uma fachada de dureza, frieza, sem sentimentos. Caso contrário, seria considerada frágil e não apropriada para o cargo.

Para interpretá-la, Meryl recorreu a uma passagem semelhante em sua vida. Quando jovem, ela integrou a primeira turma feminina numa instituição de ensino até então exclusivamente masculina. Em suas palavras: "Lembrei-me da época de colégio. Eu era uma das 16 meninas em meio a 6 mil meninos. Foi uma volta a 1970. Alguns estavam felizes por termos conquistado aquilo, mas a maioria não. Eles pensavam que o padrão do colégio tinha caído."

Para garantir seu espaço naquele ambiente hostil, Meryl também precisou endurecer. Ao acessar aquela época e expressar seus sentimentos na tela, a atriz soou convincente e real no papel. Não é para menos: falava de si mesma. "Eu queria ser Margaret Thatcher, mas, no fundo, gostaria que aquela história fosse sobre mim", declarou.[18]

Intrigado, procurei outras entrevistas suas para conhecer melhor sua história, seus outros papéis. Descobri fatos reveladores e coincidências surpreendentes.

Em *O franco-atirador* (1978), Meryl faz uma personagem que vive um romance com um soldado que retornou da Guerra do Vietnã viciado em drogas. Na vida real, a atriz também namorou um rapaz que lutou na mesma guerra e voltou viciado em heroína.[19] A interpretação fez com que ela se destacasse em Hollywood e recebesse sua primeira indicação ao Oscar.

Em *Kramer vs. Kramer* (1979), a atriz vive uma mulher que abandona marido e filho para se dedicar à carreira. Na vida real, ela enfrentava o mesmo dilema. Aos 30 anos, Meryl vinha adiando a maternidade em nome da profissão, mas estava aflita: "Eu quero tudo. Ser mãe sem ter uma carreira não é aceitável; nem ser uma estrela e não ter filhos." Todo mundo pensa que a mulher "é capaz de fazer os dois. Mas e se você simplesmente não conseguir? Como entender que o mundo não lhe permite fazer só um ou outro?".[20] Ao demonstrar essa hesitação e esse conflito interno nas telas, ela conquistou o primeiro Oscar de sua carreira.

No longa *A escolha de Sofia* (1982), ela interpreta uma mãe judia que, durante a Segunda Guerra, é obrigada a enviar um dos filhos pequenos para a câmara de gás em Auschwitz. Na vida real, Meryl teve uma "conexão visceral" com crianças mortas pelo nazismo: aos 10 anos, ela viu crianças mortas empilhadas em uma carroça, vítimas da câmara de gás.[21] "Jamais esquecerei aquela imagem. Ela me deu a base para entender o horror inimaginável." A performance lhe rendeu o segundo Oscar.

Em *As pontes de Madison* (1995), a atriz interpreta uma dona de casa adúltera que, apesar de apaixonada pelo amante, decide ficar com o marido. Era a coisa certa a fazer, conclui a personagem. Na vida real, Meryl também teve a experiência de perder o amor da sua vida: o ator John Cazale morreu de câncer em seus braços quando ela tinha 29 anos. Surpreendentemente, apenas seis meses depois ela se casou com o escultor Don Gummer. "Porque era a coisa certa a fazer," respondeu ela a um jornalista que questionou o curto espaço de tempo entre os dois eventos.[22] "Pela primeira vez num filme podemos ver sob o ponto de vista de uma mulher – Streep na sua melhor raiva e dor – o que significa perder um amor", escreveu a crítica de cinema Ella Taylor.[23] A atuação lhe valeu outra indicação ao Oscar.

A técnica de acessar experiências próprias para enriquecer um personagem é conhecida no teatro, chama-se *"emotional recall"*. Meryl teve contato com o método quando estudava arte dramática na Universidade Yale.[24] Se não foi ela que inventou a técnica, com certeza é a atriz que melhor a incorpora.

Em outra entrevista, a americana contou que, quando precisa "representar uma situação ameaçadora e sombria", revisita uma passagem de sua infância. Aos 12 anos, sua mãe a obrigou a cantar a música "Noite feliz" na frente de familiares e desconhecidos, e ainda por cima em francês. "Estava todo mundo lá, inclusive meus irmãos irritantes e meus primos, todos olhando para mim... Eu estava tremendo. E pensei: não gosto desse sentimento, não gosto desse sentimento..." Se a experiência não soa tão marcante, tente vê-la pelos olhos de uma criança. "Sempre que preciso interpretar uma pessoa que é dominada pelo medo e pelo terror, volto a esse momento", afirmou ela.[25]

Minhas descobertas foram ainda mais longe: Meryl só aceita papéis que se encaixam em suas vivências. Por exemplo: ao longo da carreira, ela recebeu inúmeros convites para interpretar heroínas, garotas bonitas e sedutoras,[26] mas jamais aceitou um convite como esses porque não teve experiência semelhante, não conhece essas emoções. Além disso, a própria admitiu que continuará a escolher "projetos que preenchem o próprio retrato, como desenho de colorir por números".[27]

No trabalho de "preencher o próprio retrato por números" faltava um papel que abordasse a música. Na adolescência, Meryl foi uma dedicada estudante de canto e dança. Sonhava estrear um musical na Broadway. Porém, seus planos ambiciosos foram interrompidos aos 15 anos. "Meu pai ficou doente e não pudemos mais pagar pelas aulas", lamenta.[28]

Quando, no ano 2000, ela assistiu ao musical *Mamma Mia!*, na Broadway, ficou entusiasmada. Imediatamente, sondou os produtores sobre a possibilidade de adaptar o espetáculo para o cinema. Deu certo. No filme de 2008, a atriz se realiza cantando e dançando como nunca. Alguns críticos afirmaram que ela parecia ter voltado à adolescência. E tinha mesmo!

Dirá você: se Meryl realmente utiliza a técnica de transformar passagens ruins de sua vida em vantagens competitivas, por que nunca revelou isso? Pelo receio de não funcionar mais. "Cultivei uma relutância deliberada em investigar meu próprio método de trabalho porque tenho medo de desfazer a magia", justificou a atriz. "Tenho medo de, se analisar, não conseguir mais fazer isso."[29]

Em *O diabo veste Prada* (2006), as semelhanças entre a personagem e a vida da atriz são ainda maiores. No filme, ela interpreta a editora de moda Miranda Priestly, uma executiva temida e ambiciosa, capaz de tudo para se manter no poder. Em determinado momento do filme, seu cargo é posto em risco. Acontece que Meryl vivia a mesma situação em Hollywood. A posição de "maior atriz de sua geração" vinha sendo seriamente contestada. Fazia 23 anos que ela não recebia um Oscar. Seus últimos trabalhos tinham se reduzido a "papéis maternais melodramáticos do tipo convencionalmente oferecido para atrizes mais velhas", fuzilou a crítica Karen Hollinger.[30]

No filme, Miranda faz o diabo para se manter no topo ("Todo mundo quer isso"). Na vida real, Meryl também não se poupou: colocou seus conflitos, medos, angústia e insegurança nas telas. E transformou o longa no maior sucesso comercial de sua carreira. Indicada novamente ao Oscar, a performance calou os críticos. Na noite da premiação, perguntaram se Meryl havia se divertido nas gravações. Ela fechou o rosto e respondeu: "Não me diverti nem um pouco."[31] E olha que o filme é uma comédia. Faz sentido: Meryl encarava os próprios fantasmas.

Tudo indica que a atriz não entra nos personagens, mas os personagens é que entram nela. "Eu interpretei tantas mulheres diferentes de diferentes idades, e todo mundo sempre menciona todos os sotaques diferentes que eu faço, mas estou sempre interpretando diferentes aspectos de mim."[32]

Foram os fracassos e as experiências negativas que moldaram o sucesso de Meryl Streep. "Atuar não é ser alguém diferente. É descobrir a semelhança no que é aparentemente diferente, depois me encontrar lá."[33]

A maior atriz viva, como é chamada há três décadas, é um exemplo emocionante de como transformar desvantagens em diferencial competitivo.

◆ ◆ ◆

Como vimos neste capítulo, no mundo corporativo é possível converter nossos pontos fracos em fortes. Volkswagen, Avis e Johnson & Johnson (no escândalo do Tylenol, relatado no primeiro capítulo) são alguns exemplos disso. Ninguém entende melhor os nossos problemas do que nós mesmos. Ter a habilidade de transformá-los em trunfos pode fazer toda a diferença. No final das contas, é possível que a fragilidade seja nossa maior força.

OPORTUNIDADES DISFARÇADAS
NA AMEAÇA AMBIENTAL

O que você acha de um empresário que aproveita o aquecimento global e a elevação do nível dos oceanos para ampliar seu negócio? Um sujeito egoísta, um capitalista selvagem?

Nada disso. Trata-se do ambientalista Yvon Chouinard, fundador da grife de roupas Patagonia, uma das marcas mais conscientes do planeta. "Estamos entrando no mercado de surfe porque nunca vai nevar novamente e as ondas só vão ficar maiores", explicou ele. "Eu vejo nisso uma oportunidade."[1]

Nos Jogos Olímpicos de Tóquio de 2020, os atletas receberão medalhas produzidas a partir de peças eletrônicas recicladas. É a perfeita imagem do que está acontecendo atualmente: uma verdadeira corrida para ver quem consegue tirar mais ouro do lixo.

Em todo o globo, é cada vez maior o número de startups, empreendedores, grandes empresas e até artistas que encontram na sustentabilidade uma forma de ganhar dinheiro. Desde 2015, a revista *Fortune* publica a lista Change the World (Mude o mundo), que destaca iniciativas que unem preservação ambiental e lucro. "Não se iluda pensando que isso é caridade (…) Não, é bom capitalismo antiquado. Quando se trata de resolver problemas, simplesmente funciona", dizia a publicação na divulgação da lista de 2018.[2]

Este capítulo traz apenas histórias de negócios com fins (muito) lucrativos. Nada contra ONGs e iniciativas governamentais; acredito que são atividades complementares. Mas, se foi o capitalismo que nos colocou nesta dramática situação ambiental, ele também tem a responsabilidade de nos tirar disso.

NO DESPERDÍCIO DE ALIMENTOS

Em 2014, o cervejeiro inglês Simon Wright visitava um pomar quando ouviu do proprietário: "Quer levar maçãs? Não temos o que fazer com elas." Intrigado, ele quis saber a razão. A explicação foi que as frutas não atendiam a exigência de perfeição da indústria.

Wright detectou naquilo uma oportunidade: talvez a sobra não ocorresse somente ali. Ele visitou, então, outros produtores e, após confirmar seu palpite, resolveu recolher as maçãs indesejadas. Em dois meses, tinha coletado 8 toneladas de frutas.

Como já fabricava cerveja, foi natural para o empresário desenvolver uma bebida à base de maçãs. A sidra de Wright tinha excelente sabor, qualidade e um diferencial: era a primeira fabricada com frutas descartadas. Para incentivar as doações e assim garantir sua matéria-prima, ele passou a oferecer um litro da bebida para cada quilo de maçã recebido. "É como *crowdfunding*, mas estamos usando maçãs em vez de dinheiro", disse Wright. Para reforçar o caráter social do empreendimento, ele destinou 10% dos lucros com a sidra para a plantação de novas macieiras no Reino Unido.

Com o produto certo e a proposta alinhada, em pouco tempo a Urban Orchard conquistou clientes e sua sidra chegou a pubs e supermercados.[3] Em apenas dois anos, sua receita anual atingiu 700 mil libras (o equivalente a cerca de 3,5 milhões de reais). Entre seus parceiros estão grandes empresas, como a rede de lanchonetes Honest Burgers, a Harvey Nichols e o Claridge's Hotel. Em meados de 2018, a marca recebeu aporte financeiro da cervejaria BrewDog e anunciou sua entrada nos Estados Unidos.

Segundo a ONU, 30% dos alimentos produzidos no mundo são desperdiçados, grande parte por conter alguma imperfeição no formato, na cor ou no tamanho. Note bem: são frutas, hortaliças e legumes perfeitos para o consumo, descartados apenas por serem feios.

Fruta Feia. Esse foi justamente o nome escolhido por uma cooperativa de Portugal criada em 2013. O grupo compra alimentos rejeitados por agricultores e os revende à população a preços até 50% abaixo da média. Até o início de 2019, a empresa tinha transformado 1,5 milhão de toneladas de vegetais em dinheiro.

Felizmente, negócios semelhantes despontam em diversos países. Nos Estados Unidos, existe a Imperfect Produce; no Brasil, a Fruta Imperfeita (apesar da semelhança entre os nomes, não são parceiras). Ambas oferecem o serviço de entrega de itens fora do padrão.

Outra história saborosa e engenhosa surgiu no Reino Unido em 2011. A inglesa Jenny Dawson ficou tão impressionada com o volume de frutas e legumes descartados nos mercados de Londres que resolveu aproveitá-los. Coletou os alimentos que iriam para o aterro sanitário e, depois de muitos testes, desenvolveu uma caprichada linha de conservas, condimentos, chutneys e ketchups.

Com seu propósito social engajador – reduzir o desperdício da indústria –, a marca conseguiu entrar em varejistas como Waitrose, Whole Foods e Ocado. Em 2014, Dawson recebeu o prêmio Veuve Clicquot New Generation, que destaca jovens empreendedoras. Até o momento, cerca de 7 milhões de toneladas de frutas foram monetizadas pela empresa, que tem o adequado nome Rubies in the Rubble (algo como "Rubis no entulho").

E quanto às refeições que não são vendidas diariamente nos restaurantes? Já parou para se perguntar o que acontece com toda essa comida? Acredite: vai para o lixo. Imagine quantos pratos saborosos e muitas vezes sofisticados são descartados por não encontrarem clientes. Somente na Europa, estima-se que 600 mil toneladas de alimentos sejam desperdiçadas todos os dias pelo setor de restaurantes.

Foi esse mercado suculento que atraiu os universitários Chris Wilson e Jamie Crummie. Em 2016, a dupla lançou um aplicativo que permite aos restaurantes anunciar seu excedente diário. Funciona assim: os usuários selecionam o que querem, pagam por meio do aplicativo e coletam a refeição no estabelecimento no final do dia. É uma relação de ganha-ganha-ganha: o restaurante reduz a perda, as pessoas têm acesso a comida boa e com desconto, e o site fica com uma parte de cada transação. Em três anos, o Too Good to Go evitou que mais de 600 mil refeições fossem para o lixo. A startup, que possui quase 1 milhão de cadastrados, autointitula-se "a maior comunidade de alimentos excedentes do mundo".

NOS DEPÓSITOS DE LIXO

Atualmente, o país que mais investe na preservação do meio ambiente é a China. Foi lá também que surgiu o primeiro laboratório de lixo do planeta. Criada pelo engenheiro Arthur Huang, a Miniwiz já inventou mais de mil novos produtos e materiais sustentáveis, como a máquina que transforma plástico descartado em pisos e azulejos e o menor carregador de bateria solar e eólica do mundo.

No Brasil, a pioneira em enxergar o potencial desse mercado foi a estudante Mayura Okura. Em 2010, ela cursava Gestão Ambiental na USP quando foi instituída a Política Nacional de Resíduos Sólidos. Rapidamente, Okura concebeu uma maneira de auxiliar organizações a se adaptarem às regras.

Em 2012, ela lançou a B2Blue, plataforma on-line que comercializa vários tipos de resíduos. É uma espécie de mercado livre dos descartes, conectando empresas que dispõem de materiais àquelas que desejam adquiri-los. A receita do negócio vem de uma taxa cobrada por cada transação. Atualmente, a B2Blue possui mais de 20 mil clientes cadastrados e fatura 800 milhões por mês com as vendas de papéis, plásticos, borrachas, metais etc.[4] A brasileira é ambiciosa: "Em 2020, queremos estar no mundo inteiro", disse Okura.

NO DESPERDÍCIO DE MADEIRA

O artista brasileiro Hugo França chega a faturar 350 mil reais com a venda de uma única escultura de madeira. Suas peças estão em galerias, museus e coleções particulares do mundo inteiro. Há uma na residência oficial do prefeito de Nova York. O Instituto Inhotim possui 100 bancos do artista.

França começou a trabalhar com madeira quando morava em Trancoso, nos anos 1980, ao perceber o desperdício gerado pela indústria de extração do produto na Bahia. Inconformado com o descarte de árvores, algumas centenárias, resolveu utilizá-las como base de seu trabalho. Após muitos testes, o artista desenvolveu uma técnica própria: respeitando as formas e curvas dos troncos, ele produz mesas, bancos, cadeiras, aparadores etc., todos peças únicas com design autoral. "Há quem passe pelo bosque e só veja lenha para fogueira", disse o escritor russo Liev Tolstói.

Na mesma linha, três estudantes do Instituto de Tecnologia de Massachusetts (MIT) também enxergaram uma maneira de transformar sobras de madeira em dinheiro. Os amigos inovaram ao inserir sementes na madeira dos lápis. Assim, depois de usar, a pessoa planta o toquinho em vez de jogá-lo fora. A novidade se destacou na imprensa internacional em 2013. O investidor dinamarquês Michael Stausholm ficou interessado e entrou em contato com os estudantes. Nascia assim a Sprout World (o nome em inglês significa algo como "Mundo que brota").

A startup conquistou clientes importantes, como Disney, Ikea e o Vaticano. Em 2018, atingiu a marca de 10 milhões de unidades vendidas para 60 países. Uma das razões do sucesso é o simbolismo: se o lápis vem da árvore, nada mais natural que volte a ser árvore ao fim de seu ciclo de vida.

NO LIXO ESPACIAL

Você já deve ter visto nos filmes: assim que chegam ao espaço, os foguetes liberam os compartimentos que transportam combustível. O que acontece com essas partes? Viram lixo espacial, que fica vagando no infinito para sempre. Foi para evitar esse descarte que o milionário americano Elon Musk criou a SpaceX. Depois de várias tentativas, em 2017 a empresa conseguiu colocar em órbita um foguete reutilizável.

A façanha representou uma economia estratosférica. Enquanto a concorrente United Launch Alliance, fornecedora da Nasa, cobra aproximadamente 380 milhões de dólares para lançar uma aeronave no espaço, a SpaceX oferece o mesmo serviço pela "pechincha" de 69 milhões. Menos de um quinto do valor! É claro que a Nasa já contratou a empresa de Musk.[5]

NO LIXO PLÁSTICO

O plástico é, hoje, a maior ameaça aos oceanos: estima-se que 80% dos detritos marítimos sejam compostos do material. São garrafas PET, sacolas, embalagens de alimentos, canudos, redes de pesca e tantos outros descartes.

Se tem alguém que conhece bem essa realidade são os surfistas, que vivem nas praias. Os americanos David Stover, Ben Kneppers e Kevin Ahearn passaram a adolescência em suas pranchas na orla do Pacífico. Em 2010, os amigos fundaram uma startup que transforma redes coletadas no mar em pranchas, skates e óculos de sol. Afinal, segundo o órgão estatal California Coastal Conservancy, redes abandonadas por pescadores são responsáveis por 10% da poluição marinha.

Três anos depois, os empreendedores foram convidados para atuarem também no Chile, um país com intensa atividade pesqueira, mas em que o descarte irregular de redes ameaça o ecossistema marinho. Empresa e governo instalaram 20 pontos de coleta de redes de pesca ao longo do litoral. Em cinco anos de atuação, a parceria foi responsável por recolher 80 toneladas de resíduos pesqueiros do oceano. Em 2016, a startup Bureo ("Ondas" em linguagem indígena chilena) recebeu aporte de investimento da grife de roupas Patagonia.

Felizmente, é crescente o número de grandes marcas que se comprometem a reduzir o descarte plástico no mundo. O McDonald's já substituiu os canudos de plástico pelos de papel no Reino Unido e na Irlanda. A Starbucks pretende fazer o mesmo em escala global até 2020. Também nesse ano, a Ikea quer eliminar os plásticos de uso único em suas lojas. E a Lego assumiu a meta ousada de até 2030 fabricar todos os seus blocos de montar com materiais à base de fibra vegetal. Coca-Cola, Pepsi, Procter & Gamble, Unilever, Nestlé e dezenas de outras corporações assinaram, em 2018, o Pacto de Plásticos do Reino Unido, cujos objetivos incluem produzir apenas recipientes plásticos recicláveis até 2025.

Não pense que essas empresas estão sendo boazinhas. Além de pressionadas por governos e consumidores, elas buscam ganhos concretos em suas iniciativas ambientais, seja em inovação, ganhos de eficiência, maior economia ou vantagem competitiva.

Um exemplo bem-sucedido é a Adidas. Em 2017, a marca lançou o Ultraboost, um modelo de tênis fabricado com plástico retirado do mar. Cerca de 11 garrafinhas de água são reutilizadas em cada par. Em poucos meses, as vendas do calçado sustentável ultrapassaram a marca de 1 milhão de unidades.[6] Com o valor unitário variando entre 100 e 200 dólares, você pode imaginar o tamanho do faturamento.

VANTAGENS E DESAFIOS PARA QUEM PRETENDE ATUAR NO SEGMENTO

1. Matéria-prima abundante
Como já vimos, um terço dos alimentos produzidos no mundo vai para o lixo. A cada ano, 8 milhões de toneladas de plástico são despejadas nos oceanos. Isso equivale a 40 quilos por pessoa.[7] E a previsão é que até 2030 esse número dobre. O lixo eletrônico é o tipo de descarte que mais cresce no planeta: o volume mais do que dobrou nos últimos nove anos. São dados pavorosos, mas, para quem trabalha no setor, é certeza de abundância de matéria-prima.

2. Preferência do consumidor jovem
Pesquisas mostram que as novas gerações são mais preocupadas com o meio ambiente e as questões sociais do que as anteriores. São consumidores que tendem a pensar nos impactos de suas decisões de compra. Atuantes nas redes sociais, eles desejam influenciar pessoas, lançar

tendências e mudar culturas. Se sua marca cair nas graças desse público, você terá a vantagem de não precisar investir tanto em publicidade. Todas as iniciativas citadas neste capítulo foram impulsionadas pelas redes sociais e pela atuação de indivíduos e comunidades na internet.

3. Leis que beneficiam o negócio

Sempre que uma nova lei ambiental é aprovada, abre-se espaço para novos prestadores de serviços. Em 2010, por exemplo, foi aprovada em São Paulo a lei estadual nº 14.186, que obriga os fabricantes de lubrificantes automotivos a recolher as embalagens vazias. A empresa MB Engenharia, que se especializou no segmento, beneficiou-se tanto da medida que estendeu sua atuação para mais de mil municípios.

Em 2018, foi aprovada no Rio de Janeiro a lei municipal nº 6.384, que proíbe bares e restaurantes de oferecer canudos de plástico. A decisão impulsionou as startups BeeGreen e Mentah!, que vendem opções feitas de inox, silicone e vidro. Pois é, hoje em dia, melhor que ler jornais de negócios é acompanhar o Diário Oficial.

Em dimensão maior, a Tesla se beneficiou enormemente de uma decisão do governo chinês em 2016. Até então, a montadora americana vinha derrapando em prejuízos no país asiático. Mas tudo mudou quando a China assinou o Acordo de Paris, comprometendo-se a reduzir drasticamente a emissão de gases causadores do efeito estufa. De uma hora para outra, as vendas dos carros elétricos Tesla triplicaram. Em meses, a China já representava o segundo mercado mais importante para a montadora, atrás apenas dos Estados Unidos. No embalo, a Tesla decidiu construir uma fábrica próxima a Xangai. A construção é tão grande que recebeu o apelido de Gigafactory 3. A inauguração está prevista ainda para 2019.[8]

Desafios

Trabalhar com lixo, reciclagem ou alimentos descartados não é tarefa para principiantes. A fundadora da B2Blue, por exemplo, é gestora ambiental. O criador da Miniwitz é engenheiro de materiais. Entre os fundadores da Bureo estão um consultor de desenvolvimento sustentável e um engenheiro mecânico. Mesmo quando são jovens e universitários, os empreendedores geralmente frequentam instituições de ensino renomadas.

Sem contar o investimento em pesquisa e inovação. Pegar materiais destinados ao descarte e transformá-los em produtos novos exige muitos testes e protótipos.

Por último, não pense que as pessoas vão comprar seu produto só porque ele é sustentável. O público desse mercado costuma exigir altos níveis de qualidade, design e valor agregado.

◆ ◆ ◆

De lápis a foguete, vimos iniciativas bem-sucedidas nas mais diferentes áreas. Meu intuito foi mostrar que, se o lixo é uma das maiores ameaças ambientais do mundo atual, ele também oferece grandes oportunidades. Apesar da urgência do assunto, no entanto, muita gente ainda o considera chato e desinteressante. Por isso, vou finalizar este capítulo com uma história lúdica e divertida.

A jovem Sasha Lipton, de 16 anos, andava de carro quando viu vários brinquedos jogados na beira da estrada. Curiosa, ela pediu à mãe que parasse o veículo para poder olhar com calma os itens. Estavam praticamente novos. As duas recolheram os brinquedos, os levaram para casa e os limparam. E os ofereceram de presente a crianças carentes da região onde moravam, Nova Jersey.

Foi assim que surgiu a Second Chance Toys. Inicialmente, somente a família Lipton coletava brinquedos em ruas e aterros sanitários, mas logo a iniciativa atraiu apoiadores e interessados em fazer doações.

Isso aconteceu há pouco mais de 10 anos.[9] Até agora, a entidade já distribuiu 300 mil brinquedos. E transformou-se na principal organização infanto-ambiental dos Estados Unidos. Ao mesmo tempo que reduz o descarte plástico nos lixões, leva alegria a crianças.

OPORTUNIDADES DISFARÇADAS NAS FATALIDADES

O museu de cera Madame Tussauds é reconhecido internacionalmente como símbolo de prestígio. Artistas, esportistas e outras celebridades sonham ter sua imagem imortalizada no local.

O que pouca gente sabe é que o museu teve origem na sangrenta Revolução Francesa. As primeiras peças de cera foram moldadas diretamente das cabeças decapitadas da rainha Maria Antonieta e do rei Luís XVI. Quem moldou as peças foi a própria Madame Tussaud.[1]

No FILME *O MÁGICO DE OZ*, um ciclone leva a casa de Dorothy para um lugar mágico. Foi mais ou menos o que aconteceu com a loja do americano Richard Schulze.

Em 14 de junho de 1981, um tornado atingiu Minneapolis, nos Estados Unidos. Em apenas 26 minutos, centenas de casas, estabelecimentos comerciais e árvores foram atingidas. A loja The Sound of Music teve seu teto arrancado e diversos produtos arremessados para o estacionamento.

Schulze ficou transtornado: tantos aparelhos novos avariados... O que fazer com tudo aquilo? Jogar fora, nem pensar. Consertar videocassetes, caixas acústicas e toca-discos custaria uma fortuna. Depois de refletir, Schulze teve uma grande ideia: fazer uma promoção de eletrônicos no próprio estacionamento. E mais: beneficiar-se do vendaval para promover o evento.

Nasceu assim a Tornado Sale, uma promoção com produtos seminovos pela metade do preço. Anúncios na TV e no rádio divulgaram o evento, que ocorreu apenas seis dias após a tempestade. O público lotou o espaço, houve congestionamento de mais de 1 quilômetro e o estoque terminou rapidamente.

Schulze ficou impressionado: em 15 anos de loja, nunca tinha visto tanto movimento. No dia seguinte, ele resolveu repetir a dose, dessa vez oferecendo produtos em perfeitas condições, mas a preços também atraentes. Novamente, um tremendo sucesso.

Por acaso, o empresário havia descoberto uma nova fórmula de vender eletrônicos: colocar produtos das melhores marcas num lugar espaçoso, simples e sem frescura, com preços arrasadoramente baixos e forte divulgação na mídia. Foi assim que surgiu o fenômeno Best Buy, atualmente a maior varejista de produtos eletrônicos dos Estados Unidos.[2]

Em sua autobiografia, *Becoming the Best* (Tornando-se o melhor), Richard Schulze afirma que no início considerou o tornado "a pior coisa que poderia ter acontecido". Mais adiante, porém, ele conclui que "na verdade, foi a melhor".

A história da Best Buy é só mais um caso entre tantos que mostram que é possível transformar fatalidades em oportunidades. Basta ter equilíbrio, criatividade e um pouco de... sorte.

Imagine que você é fabricante de móveis de design e um incêndio destrói toda a sua fábrica. Você reconstruiria o lugar o mais rápido possível, para voltar logo a funcionar, ou aproveitaria o revés para construir algo ainda melhor?

Em 1981, o presidente da Vitra, grife alemã de móveis, optou pelo segundo caminho. Após o fogo dizimar as instalações da fábrica na cidade de Weil am Rhein, no interior da Alemanha, o CEO Rolf Fehlbaum teve o seguinte insight: "Se o DNA da Vitra é o design, por que não levá-lo para a arquitetura também?"

De forma ousada, Fehlbaum convidou alguns dos arquitetos mais promissores (e ainda acessíveis) do mundo para projetar os novos edifícios. Alguns desses nomes se tornariam célebres, como Frank Gehry, Zaha Hadid, Tadao Ando e Nicholas Grimshaw, entre outros.

Surgiu assim o Vitra Campus, um parque arquitetônico com 16 icônicas construções autorais. Um espaço tão exuberante que atrai por ano 360 mil visitantes de todo o mundo (detalhe: a entrada custa 14 euros). Para efeito de comparação, o Masp (Museu de Arte de São Paulo Assis Chateaubriand), cujo ingresso custa 40 reais, recebeu em 2017 um público pagante de 253 mil pessoas.[3] E note que o Vitra Campus é um espaço exclusivamente institucional, só exibe os produtos da marca. A estratégia nascida da catástrofe revelou-se uma poderosa ferramenta de vendas e experiência de marca: o centro atrai continuamente gente apaixonada por design, que é o público consumidor dos produtos Vitra.

Outra fatalidade que gerou um grande negócio aconteceu em Cleveland, Ohio, no ano de 1891. Dois trens se chocaram violentamente, matando seis pessoas, algumas delas funcionários dos correios. O episódio gerou comoção e debate nacional sobre a segurança dos agentes do serviço postal, porém investigações posteriores apontaram que a causa do choque nada tivera a ver com condições de trabalho: o relógio de um dos maquinistas atrasara quatro minutos.

O caso poderia ter terminado por aí, mas as autoridades estavam determinadas a evitar que o problema se repetisse. A solução foi unificar o controle do tempo em toda a malha ferroviária nacional. E mais: a meta era transformar as estações de trem em referência de pontualidade, tal como o Big Ben é para os ingleses.

O experiente joalheiro Clay Ball foi escolhido para liderar o projeto. Ele começou por reunir exemplares de relógios de todas as marcas, para analisá-los minuciosamente. A conclusão foi alarmante: a imprecisão entre os diversos modelos chegava a 30 segundos semanais. Para evitar novos incidentes, era fundamental estabelecer padrões e regras muito mais rígidos e precisos. Poucos fabricantes de relógios se encaixaram nos novos critérios, mas o sistema finalmente foi implantado em toda a malha ferroviária do país.

O mais interessante vem agora: Clay Ball decidiu lançar uma marca própria de relógios. Por ser especialista no assunto e conhecer todas as exigências (claro, ele as definira), o homem quis entrar no jogo.

No início, os produtos Ball Watch foram anunciados para o pessoal das estações. Depois, para esportistas, aventureiros e o público em geral.[4]

A grife se tornou uma das mais respeitadas e prestigiadas dos Estados Unidos. Ainda hoje, passados 128 anos da colisão de trens, todo o posicionamento e o marketing da marca continuam atrelados ao incidente que deu origem ao negócio. Quem entrar no site do fabricante encontrará fotos, museu virtual, descrição do desastre, memorabilia e a cobertura jornalística da época. Até os nomes das principais linhas são relacionados com o assunto: Fireman, Conductor, Trainmaster, Engineer e Railroad. O slogan da marca não podia ser mais adequado: *"Since 1891, accuracy under adverse conditions"* (Desde 1891, precisão sob condições adversas).

No Brasil também encontramos casos de empreendedores que enxergaram oportunidades em meio a graves desastres. Um deles foi em 1937, quando o maior dirigível do mundo, o *Hindenburg*, explodiu em Nova Jersey, matando 35 pessoas e ferindo outras dezenas. A tragédia foi tão marcante que pôs fim à carreira dos zepelins, que foram substituídos por aviões. Enquanto todo mundo acompanhava as manchetes, o austríaco naturalizado brasileiro Ernesto Igel pensou: "O que farão agora com o estoque de gás propano?" Ele se referia ao combustível inflamável utilizado para acionar os motores das aeronaves.

Naquela época, as cozinhas brasileiras funcionavam à base de lenha, carvão ou querosene. Ernesto teve a ideia de oferecer um gás mais prático e limpo. Depois de adquirir um grande volume de propano por preço irrisório (afinal, o material seria descartado), ele comprimiu o gás em botijões e iniciou a venda a domicílio. Nascia assim a Ultragaz, ainda hoje a líder em gás de cozinha no Brasil.

Outra grande tragédia que causou comoção mundial foi o ataque às Torres Gêmeas, em 2001. O maior atentado terrorista da história americana deixou o país num caos. Aeroportos foram fechados, bolsas de valores e bancos suspenderam as operações, regiões inteiras de Nova York tiveram seus acessos bloqueados.

Enquanto o mundo, perplexo, tentava entender o ocorrido, o colecionador de arte Bernardo Paz pensou rápido. Havia tempos ele tentava adquirir obras em condições vantajosas para viabilizar seu ambicioso projeto: o Instituto Inhotim, em Minas Gerais. Imediatamente após saber do atentado, Paz ligou para seu curador, Ricardo Sardenberg, e disse: "Se tem um momento certo para ir a Nova York, é agora." Literalmente, a dupla nem esperou a poeira baixar. Assim que os voos foram retomados, eles embarcaram para Nova York, onde encontraram as principais galerias totalmente vazias. Por serem os únicos clientes por ali, conseguiram fechar excelentes negócios. Obras de badalados artistas contemporâneos foram adquiridas "a preço de banana", nas palavras de Sardenberg.[5]

Há quem chame isso de oportunismo. Mas a definição exata de oportunismo é "tirar vantagem de uma situação, em detrimento dos outros". Paz e Sardenberg prejudicaram alguém com suas transações? Pelo contrário: eles injetaram dinheiro num segmento que estava paralisado, sem perspectiva de retomada no curto prazo. Uma história semelhante à protagonizada por Assis Chateaubriand no final da Segunda Guerra Mundial, quando se aproveitou da situação geral na Europa para amealhar para o Masp obras de Renoir, Rembrandt, Rodin e Cézanne por preços relativamente irrisórios. No meu primeiro livro sobre oportunidades disfarçadas eu conto esse caso em detalhes.

BENEFICIANDO-SE DE ADVERSIDADES GRAVES

Depois de abordarmos furacão, incêndio, colisão, explosão e terrorismo, vamos falar de inundação.

Durante séculos a Holanda lutou contra alagamentos. Por terem parte de seu território abaixo do nível do mar, os holandeses aprenderam a contornar a situação de duas maneiras: primeiro, construindo diques, barreiras e desvios; segundo, buscando uma vegetação que proporcionasse maior consistência ao solo. Escolheram a grama, por ser de fácil manutenção e promover a infiltração da água no solo.

A questão seguinte foi: que tipo de atividade econômica se pode promover em longas áreas gramadas? Pecuária, lógico. Ao longo de séculos, a introdução de vacas, ovelhas e cabras transformou a Holanda em um dos maiores exportadores de queijo do mundo. Suas marcas atendem principalmente aos paladares exigentes dos países da Comunidade Europeia. E os laticínios fizeram o país crescer em mais de um sentido: os holandeses são o povo mais alto do mundo, característica que eles juram ser resultado do consumo abundante de leite.[6]

Além disso, a luta secular contra enchentes capacitou os técnicos do país a oferecerem sua expertise para outras nações. Atualmente, a Holanda possui alguns dos maiores especialistas em soluções de contenção de águas.

Voltemos aos incêndios para ver o caso de Londres. Considerada uma das cidades mais charmosas e sofisticadas do mundo, a capital inglesa deve sua forma atual a uma catástrofe que devastou 80% de seu território.

Há quatro séculos, Londres era uma cidade feia e suja, com ruas cobertas de esgoto, lixo doméstico e estrume de cavalo. As ruas estreitas eram repletas de barracos e casas de madeira construídas uma colada à outra. Em um verão especialmente quente, um incêndio começou em uma padaria e se espalhou rapidamente, impulsionado pela sujeira, pelas construções de madeira e por uma leve brisa. A tragédia, que durou cinco dias, se tornou conhecida como o Grande Incêndio de Londres.[7]

No processo de reconstrução, o rei Carlos II se comprometeu a conceber uma capital "de causar inveja a toda a Europa". O projeto de ruas largas, centro ampliado e inúmeros parques é basicamente a Londres que conhecemos hoje.

CULTURA DO ENFRENTAMENTO DO PROBLEMA

Você pode pensar: "É fácil para um império dono de um terço do mundo reconstruir uma cidade 'de causar inveja' nos países vizinhos. Dinheiro não faltava." É verdade. Mas o que quero destacar aqui é a mentalidade. A disposição para enxergar o infortúnio como oportunidade.

Beneficiar-se de adversidades graves como essas requer uma cultura específica: a do enfrentamento do problema. Significa que, passada a fase inicial de susto, desespero e outras emoções perturbadoras, deve-se analisar a situação de forma equilibrada, racional e pragmática. A história mostra que, diante de uma tragédia, o mínimo que podemos fazer é tomar medidas práticas para que ela não se repita. E o máximo que podemos fazer? Sair do acontecimento ainda melhores que antes.

O Brasil não é um país pobre. Estamos entre as 10 maiores economias do mundo. Poderíamos demonstrar essa mesma disposição ao lidar com nossas catástrofes. O rompimento das barragens de Mariana e Brumadinho, o incêndio da boate Kiss e a destruição do Museu Nacional, só para citar alguns exemplos, deveriam ser utilizados no mínimo como aprendizado.

Enquanto nós, brasileiros, pensamos que a melhor maneira de lidar com um acidente é remediar, superar e esquecer o mais rapidamente possível, outros povos fazem o oposto. Criam memoriais para ter certeza de que a fatalidade jamais será esquecida. O Vitra Campus possui um corpo de bombeiros próprio, projetado por Zaha Hadid (é o prédio de bombeiros mais bonito do mundo). A Ball Watch mantém o acidente, ocorrido há mais de um século, vivíssimo em seus produtos, marketing e comunicação. A Inglaterra ergueu uma coluna de 61 metros, chamada The Monument, para marcar o local onde se iniciou o Grande Incêndio. Berlim tem o Memorial do Holocausto; Nova York tem o Memorial 9/11. "Aqueles que não se lembram do passado estão condenados a repeti-lo", disse o filósofo espanhol George Santayana. Diante de acidentes, o básico a fazer é garantir que jamais se repitam.

Após o Grande Incêndio, foi criada a London Fire Brigade, uma rede composta por 7 mil homens e 102 postos de atendimento em 17 distritos da cidade. Uma estrutura tão eficiente e ágil que hoje, se você chamar os bombeiros na capital inglesa, eles chegarão em no máximo oito minutos. Eu mesmo pude comprovar essa pontualidade britânica. Em 2016, quando morava em Londres, chamas surgiram na janela de um apartamento vizinho ao meu. Em menos de cinco minutos apareceram quatro caminhões de bombeiros para combater bravamente as ameaçadoras labaredas em uma... floreira.

Você pode chamar isso de exagero. Eu prefiro chamar de aprendizado. De medidas para garantir que a tragédia *jamais* se repita.

◆ ◆ ◆

Bom, citamos mortes, incêndios, explosões, terrorismo, holocausto... Se você acha que o capítulo está muito pesado, que tal relaxar um pouco com uma dose de Jack Daniel's Tennessee Fire? Ah, só para você saber: a ideia de produzir o uísque de sabor picante veio de um incêndio que atingiu a destilaria em 1930.

O estrago só não foi maior porque a brigada de bombeiros local agiu rápido. A fábrica em Tennessee reabriu dias depois com uma medida prática de prevenção: a formação de uma equipe interna de emergência, que existe até hoje. Tempos depois, a marca lançou o uísque Tennessee Fire, que traz na garrafa a seguinte inscrição: "Dedicada aos homens e mulheres trabalhadores da nossa brigada local de bombeiros."

Logo após o incêndio de 1930, a companhia criou ainda uma entidade para auxiliar vítimas de incêndios, incluindo seus familiares e até os bombeiros. Ainda nos dias atuais a marca promove concertos beneficentes e shows para levantar fundos para a causa.

Sabe como se chama a entidade? Rise from Fire. Algo como "Renascer das Cinzas".[8]

**OPORTUNIDADES DISFARÇADAS
NO ACASO**

Se você prestasse um serviço para uma startup, preferiria receber o pagamento à vista ou em ações da empresa, que ainda não valem nada? A designer Carolyn Davidson escolheu a primeira opção. Ela recebeu 35 dólares pela criação do logotipo da Nike.[1]

Já o grafiteiro David Choe optou pelas ações. Em 2005, ele pintou as paredes da sede do Facebook e, apesar de considerar o site "uma ideia ridícula e sem sentido", aceitou se tornar acionista minoritário. Na IPO da empresa, em 2012, estima-se que Choe tenha recebido 200 milhões de dólares.[2]

Em 2006, dois amigos moradores de Campinas, São Paulo, tentavam complementar a renda com vídeos de animação para crianças. O músico Marcos Luporini e o designer Juliano Prado aproveitavam as horas vagas para produzir clipes simples de canções conhecidas, como "Marcha soldado", "O sapo não lava o pé", "Escravos de Jó" etc. A dupla não tinha grandes ambições, só queria fazer algum dinheiro com a venda de CDs, DVDs e vídeos para publicidade.

Certo dia, uma emissora de TV sondou a produtora para uma série animada de 13 episódios, cada um com um bicho diferente. Os amigos ficaram tão entusiasmados que produziram por conta própria um vídeo demonstrativo e postaram no YouTube para o cliente conferir. Mas o negócio não foi adiante.

Seis meses depois, Luporini se lembrou do trabalho e resolveu checar se o vídeo ainda estava na rede. Surpresa: havia ultrapassado 500 mil visualizações. Um fenômeno, principalmente se levarmos em conta que isso aconteceu antes da explosão digital. Foi essa performance que levou os amigos a se concentrarem na personagem Galinha Pintadinha.

Os vídeos seguintes ajudaram a construir uma das marcas infantis mais fortes do país. A grife estampa cerca de 600 produtos, entre fraldas, brinquedos, roupas, alimentos, tablets e muito mais. A marca também está presente nos Estados Unidos, na Espanha, em Portugal, no México e na Argentina. O canal oficial no YouTube está próximo de alcançar 12 bilhões de visualizações.³ Estima-se que os produtos com a marca Galinha Pintadinha movimentem mais de 500 milhões de reais anualmente.

É claro que houve sorte na história da Galinha Pintadinha. O mais provável era que não acontecesse nada com o vídeo na rede. "As pessoas não gostam de ouvir que o sucesso depende de sorte, elas não querem admitir o papel do acaso em suas vidas", afirmou Michael Lewis, autor do livro *A jogada do século*, sobre o escândalo financeiro de 2008, que enriqueceu alguns sortudos e empobreceu todo o resto. Sem duvidar de amuletos como figas, pés de coelho, ferraduras e trevos-de-quatro-folhas, ainda não existe uma forma *comprovada* de atrair a sorte, mas existem três atitudes que parecem favorecer o acaso benéfico:

1. Trabalhar duro

"A sorte pode bater à sua porta" é uma frase imprecisa – deveria terminar com "à porta do seu trabalho". Dificilmente a fortuna vai procurá-lo em casa. Para ser beneficiado pelo destino, você precisa se apresentar ao jogo. Fazer algo diferente, empreender, conhecer pessoas e trabalhar duro. Veja o caso de Luporini e Prado. Eles faziam jornada dupla de trabalho, tiveram a iniciativa de produzir o vídeo no risco, para encantar o cliente, e, seis meses depois, lembraram-se de checar como andava o "fracasso". E ainda tiveram a sensibilidade de transformar a casualidade em oportunidade. Quanto do sucesso da Galinha Pintadinha é sorte e quanto é resultado de esforço?

Veja também o exemplo das amigas Jennifer Appel e Allysa Torey. Em 1996, elas abriram uma padaria no West Village, bairro de Nova York. Mas a economia andava mal das pernas, o governo Clinton estava paralisado. Resultado: a clientela custava a aparecer. Para atrair público e reduzir perdas, elas resolveram aproveitar as sobras diárias da massa de pães e bolos para produzir bolinhos pequenos, bonitos e acessíveis, os clássicos cupcakes.

Desaparecidos do mercado por serem considerados do tempo da vovó, os docinhos voltaram na hora certa. Os nova-iorquinos estavam carentes de algo "grande o suficiente para satisfazer e pequeno o suficiente para não dar culpa", na definição de uma cliente.

As filas na frente do pequeno estabelecimento chamaram a atenção dos produtores de *Sex and The City*. Lançada em 1998 pela HBO, a série de TV fez grande sucesso ao acompanhar o cotidiano de quatro amigas solteiras e liberais. A Magnolia Bakery se tornou parte do cotidiano da personagem principal, Carrie Bradshaw (Sarah Jessica Parker).

A súbita publicidade gratuita fez renascer a febre dos cupcakes e turbinou o negócio das duas amigas. Em menos de duas décadas, a Magnolia saltou de uma pequena padaria para uma rede de estabelecimentos espalhados pelo mundo. O faturamento anual gira em torno de 50 milhões de dólares.[4]

2. Ser ousado

É como na loteria: para ser premiado, é preciso comprar o bilhete. Quanto mais você ousa, mais se coloca em posição de destaque, onde há maior visibilidade e menor concorrência.

Nos anos 1990, o crescimento vertiginoso dos CDs e da música digital estava deixando os fabricantes de discos de vinil apavorados. Tudo indicava que as bolachonas desapareceriam para sempre. Enquanto os donos de fábricas de vinil tentavam passar o "pepino" adiante, o tcheco Zdeněk Pelc fez o contrário: apaixonado por discos e ele próprio um fabricante do produto, aproveitou o momento de baixa para comprar equipamentos dos concorrentes. Viajou para Austrália, Reino Unido e Grécia e adquiriu prensas em bom estado a preço de banana. "Mas o Zdeněk ficou maluco?", perguntaram-se amigos e familiares. Ele tinha uma explicação singela na ponta da língua: "Acredito que o vinil ainda terá um pequeno futuro. E, quando houver a última empresa a produzi-lo, quero que seja a minha."

O tempo passou, e as previsões mais pessimistas se confirmaram. O vinil de fato sumiu das lojas. Porém, em 2006 iniciou-se um inesperado renascimento do produto. Em busca de uma propalada qualidade de som superior, nostálgicos e especialistas se voltaram novamente para o vinil. A procura foi crescendo ano após ano, a taxas cada vez maiores.

Acredite se quiser: em 2014, o vinil já rendia mais dinheiro às gravadoras americanas do que as músicas compradas na internet. Em janeiro de 2017, o valor gasto em discos ultrapassou os downloads digitais no Reino Unido, segundo o *The Guardian*.[5] Até os jovens entraram na onda, em especial os fãs do indie rock, atraídos pelo ritual de colocar a agulha nos sulcos, trocar o lado do disco e contemplar as capas maiores.

E o que aconteceu com o "doido" Zdeněk Pelc? Sua empresa, a GZ Media, é hoje a maior produtora de discos de vinil do mundo. E por quê? Por ser a única com os equipamentos mais tradicionais e de melhor qualidade do mercado (lembra-se das prensas que ele comprou na baixa?). Somente para os Estados Unidos, a GZ Media envia toda semana 35 toneladas de produtos. E acaba de ser inaugurada uma filial no Canadá.[6]

A história da IBM durante a Grande Depressão, contada no capítulo "Oportunidades disfarçadas nas crises", é outro exemplo inacreditável de ousadia e sorte. Quando estava à beira da falência, o negócio foi salvo por um pedido gigante do governo que se resume a pura sorte.

É evidente que o tcheco e o americano poderiam ter quebrado a cara. Era o mais provável, aliás. Mas talvez o filósofo italiano Nicolau Maquiavel tivesse razão: "A sorte é mulher, e, como toda mulher, prefere os fortes e impetuosos."

3. Estar atento

"Se um cavalo selado passar a seu lado, monte-o, porque pode ser que ele passe apenas uma vez", aconselha o ditado. Agora imagine o cavalo selado passar na sua frente e você não perceber porque está distraído mexendo no celular.

É por isso que, como veremos adiante, os bilionários da internet não deixam seus filhos plugados demais na internet e desconectados do mundo real. O mesmo vale para você. Segundo o psicólogo Richard Wiseman, autor de *O fator sorte*, quando estamos ocupados, ansiosos ou tensos, não percebemos as boas oportunidades que estão na nossa frente.[7] Por isso, a melhor atitude é se afastar dos aparelhos de vez em quando, relaxar e permanecer aberto ao imponderável e atento ao que acontece ao redor.

De qualquer forma, se você trabalhar duro, ousar e mesmo assim não for brindado pela sorte, se der tudo errado, volte ao capítulo "Oportunidades disfarçadas nos fracassos".

ATENTO AOS SINAIS

Numa tarde de 1961, o artista Roy pintava tranquilamente um quadro quando seu filho pequeno, Mitchell, irrompeu no ateliê. O menino deu uma passada de olhos rápida pelas obras abstratas e não gostou do que viu. "Pai, o seu trabalho é muito chato. Por que você não faz alguma coisa legal como isso?", disparou Mitchell, mostrando um gibi do Mickey. Roy ficou estupefato. Surpreendentemente, sua reação foi olhar os quadros ao redor e concordar com o garoto: "É mesmo. Falta algo nestas pinturas. Um choque, um impacto, um frescor, sei lá. Está tudo muito comum mesmo." Ele seguiu (ao pé da letra) a sugestão do filho: começou a pintar cartuns em telas grandes.

Foi dessa forma que Roy Lichtenstein se tornou um dos artistas mais famosos e bem-sucedidos do movimento Pop Art. Antes dele, quadrinhos eram coisa de criança; depois dele, ganharam galerias, museus e acervos de grandes colecionadores.[8] Em 2017, uma pintura de Lichtenstein foi vendida por 165 milhões de dólares.[9]

Aqui vai outro exemplo de sorte disfarçada em acaso. Em 2000, Stuart Manley, proprietário do sebo Barter Books, no norte da Inglaterra, adquiriu uma caixa de livros em um leilão local. Quando abriu o pacote, encontrou sobre os volumes um grande papel dobrado. Era um cartaz vermelho que dizia "*Keep calm and carry on*" (Mantenha a calma e siga em frente). Manley não viu muito sentido na frase, mas gostou do layout da peça. E fixou-a na parede ao lado da caixa registradora.

Alguns clientes perguntaram "O que é isso? O que significa?", outros quiseram comprar o pôster. Vendo que o cartaz caíra nas graças da clientela, o livreiro decidiu imprimir algumas cópias e colocá-las à venda. Foi assim, totalmente por acaso, que surgiu um dos símbolos mais conhecidos no Reino Unido. A imagem está em praticamente todo lugar: vitrines, malas, camisetas, almofadas, toalhas de banho, chaveiros, canecas, além de existirem infinitas paródias e variações.

Afinal de contas, qual é a origem do cartaz? No início da Segunda Guerra Mundial, o governo inglês, preocupado com a iminência de um forte ataque aéreo dos alemães, encomendou alguns materiais publicitários para preparar o moral do povo para os dias difíceis que viriam. Uma das peças era o tal pôster "*Keep calm and carry on*".

Foram impressos 2,5 milhões de cópias, mas, curiosamente, nenhuma foi utilizada. No último momento, a frase foi considerada muito comum, incapaz de inspirar os cidadãos. Todos os cartazes foram destruídos. Quer dizer, todos não: pelo menos um deles escapou e foi parar, 60 anos depois, no pequeno sebo de Stuart Manley. Graças a isso, a Barter Books se tornou conhecida no Reino Unido e em todo o mundo. Gente atraída pela história do símbolo que é tão característico dos ingleses quanto o "*I love New York*" é para os nova-iorquinos.[10]

Na correria do dia a dia, especialmente nestes avançados tempos digitais, é quase automático nos livrarmos de tudo que pareça velho, inútil e sem utilidade imediata. Mas *keep calm*: você pode estar dispensando o cavalo selado.

No pós-guerra, o estudante americano Alfred Chandler cursava pós-graduação em Harvard quando sua tia morreu. Ele teve então a oportunidade de se mudar para a casa dela. Chegando lá, constatou que o sótão estava repleto de papéis velhos; pilhas e pilhas de anotações. Antes de se decidir por descartar o material, o estudante resolveu analisá-lo. Tratava-se de registros de antigas ferrovias americanas. Para ser mais exato, eram os dados do surgimento das 100 primeiras companhias ferroviárias dos Estados Unidos e os modelos de financiamento que permitiram seu crescimento. "Quem fez anotações tão detalhadas assim?", indagou-se Chandler.

Indo mais a fundo, ele descobriu que seu bisavô havia sido editor-chefe da *American Railway Journal*, a principal publicação do setor. Após ocupar o cargo por 20 anos, era talvez a pessoa mais informada sobre trens no país. O estudante decidiu utilizar o material como base para sua tese de doutorado.

Os professores ficaram impressionados com a qualidade, consistência e abrangência dos dados. E lembraram a Chandler que as ferrovias haviam sido as primeiras grandes empresas dos Estados Unidos. Logo, ao pesquisar as companhias ferroviárias, ele estudava também os primórdios da grande empresa americana. Empolgado, Chandler passou a analisar também as grandes companhias de sua época – DuPont, General Motors, Sears e Standard Oil (atual Exxon) – com base nos mesmos modelos e critérios utilizados nas ferrovias.

O estudo deu origem a *Strategy and Structure* (Estratégia e estrutura), de 1962, uma obra que revolucionou a literatura do mundo dos negócios. Antes desse livro, os empresários eram avaliados sob a ótica moral: ou eram heróis, ou eram vilões. Alfred Chandler introduziu a análise rigorosa baseada em números, dados e produtividade. Ele foi também o primeiro teórico a destacar a importância da estratégia, da logística e da descentralização para o sucesso de um negócio. Em 1978, o historiador recebeu o Prêmio Pulitzer pelo livro *The Visible Hand: The Managerial Revolution in American Business* (A mão visível: A revolução gerencial nas empresas americanas).[11]

Chandler teve muita sorte ao encontrar as anotações do bisavô justamente no momento em que procurava um tema para sua tese de doutorado, mas, para aproveitá-la, ele também teve as três atitudes citadas como fundamentais neste capítulo: trabalhou duro, foi ousado e estava atento.

Além de papéis velhos, sobras de bolos, discos e gibis, uma oportunidade pode estar disfarçada também na forma de um som irritante.

Os astrônomos Arno Penzias e Robert Wilson haviam construído um poderoso radiotelescópio para observar o universo, porém um chiado intermitente os estava deixando malucos. Eles tentaram de tudo para eliminar o ruído: calibraram e recalibraram o sistema; buscaram defeitos técnicos no equipamento; instalaram novos filtros e amplificadores mais potentes; checaram sinais de emissoras próximas; mediram a radiação de antigas detonações nucleares; sondaram a interferência do campo magnético da Terra; até expulsaram um casal de pombos que vivia na antena do laboratório, pois seus excrementos poderiam estar causando o problema.

Nada disso funcionou. O ruído continuava, firme e enlouquecedor: *zuuummmmmmmmmmmmmmm*... Quando já pensavam em desistir ("Estávamos realmente sem ideias", confessou Wilson), os pesquisadores toparam com a teoria do físico Robert Dicke, de Princeton, de que, se o universo realmente começou no Big Bang, devia haver no espaço algum resíduo da explosão cósmica.

Haja sorte! O barulho que Penzias e Wilson tentavam desesperadamente eliminar era o som da formação do universo. Para você ter ideia da dimensão da descoberta: foi a primeira confirmação real do Big Bang; o fato inaugurou a cosmologia moderna; pelo feito, os astrônomos receberam o Prêmio Nobel de Física de 1978.[12]

Como você vê, a discussão sobre a influência e o peso da sorte e do acaso no sucesso é bem antiga. Podemos dizer que vem desde o Big Bang.

OPORTUNIDADES DISFARÇADAS
NAS TRAGÉDIAS PESSOAIS

A francesa Nicole ficou viúva aos 27 anos. Além de cuidar da filha pequena, ela também precisou assumir o negócio do marido, uma vinícola.

Ao entrar no segmento dominado por homens, a empresária sofreu preconceito, desconfiança e resistência, mas foram justamente seu olhar sensível e sua atenção aos detalhes que fizeram a diferença. A marca inovou no design sofisticado da embalagem e na pureza da bebida. Em pouco tempo, pedir a "garrafa da viúva" virou moda entre a elite europeia.

Essa é a história da Veuve Clicquot – "veuve" significa "viúva" em francês, e Clicquot era o sobrenome do marido.

Curiosidade: Clicquot permaneceu veuve até sua morte, aos 87 anos.[1]

NA MANHÃ DE 10 DE DEZEMBRO DE 1996, a americana Jill encontrava grande dificuldade para se levantar da cama, e não por preguiça nem sono. Ela estava sofrendo um AVC.

Como Jill é neurocientista, foi fácil e ao mesmo tempo desesperador concluir que ocorria uma hemorragia em seu cérebro. "Primeiro, fiquei aflita e pensei: 'Meu Deus, isto é um derrame!' Depois, eu me surpreendi pensando que a situação era muito interessante. É estranho, mas fiquei animada quando me dei conta de que aquilo tudo que eu estava experimentando tinha uma base fisiológica e uma explicação. Eu pensava: 'Quantos cientistas têm a oportunidade de estudar, de dentro para fora, as funções e a deterioração do cérebro?'"[2]

O derrame veio interromper uma carreira meteórica. Aos 37 anos, a pesquisadora trabalhava na prestigiosa Harvard Medical School e era a mais jovem integrante do conselho diretor da Aliança Nacional de Doenças Mentais dos Estados Unidos (Nami, na sigla em inglês). Depois de perder os movimentos, ela deixou de falar e até de ler. Em seguida, esqueceu informações básicas como o nome da mãe e até o significado da palavra "mãe".

Apesar da incapacidade física e do abalo emocional, Jill teve a lucidez de observar atentamente tudo que acontecia consigo, desde as primeiras sensações até a cirurgia, semanas depois do AVC, que removeu de seu cérebro o coágulo do tamanho de uma laranja. Isso sem contar os longuíssimos oito anos de fisioterapia até a recuperação completa.

Em 2008, Jill Bolte Taylor publicou *A cientista que curou seu próprio cérebro*, livro que a tornou conhecida internacionalmente. Pela primeira vez um paciente relatava a ocorrência e a recuperação de uma severa hemorragia cerebral. No mesmo ano, a revista *Time* a incluiu entre as 100 personalidades mais influentes do mundo. Sua palestra no TED figura entre as 25 mais vistas da história.

O mais surpreendente foi Jill ter tido o insight no *instante* do AVC. O título original de seu livro é *My Stroke of Insight*, algo como "Meu ataque de conhecimento". Ao longo de todo o processo, ela foi, além de bastante paciente, a dedicada e ambiciosa pesquisadora que sempre foi: "Durante o derrame, aprendi tanto sobre o funcionamento do cérebro quanto havia aprendido em todos os meus anos de estudos. Foi o evento traumático pelo qual me chegou o conhecimento."[3]

Dirá você: "Para uma especialista, é até compreensível que ela aprenda algo em uma situação dessas." Ok, então vamos falar de outro caso inacreditável, este envolvendo um casal de leigos.

Em 1984, na Itália, um menino de 6 anos chamado Lorenzo foi diagnosticado com ALD (adrenoleucodistrofia), uma doença rara que afeta severamente todo o sistema neurológico. O diagnóstico dos médicos foi de que em um ano a criança estaria cega, muda e paralisada. Em dois anos, estaria morta.

"Fomos mandados para casa para assistir a nosso filho morrer", relatou o pai, Augusto Odone.[4] Não havia nenhum medicamento ou terapia disponível. Um médico explicou que, para a indústria farmacêutica, não compensava investir na cura de um mal que atinge "apenas" um em cada 45 mil indivíduos. Inconformados, os pais resolveram partir eles mesmos em busca de um tratamento.

Os obstáculos começaram no instante em que o casal pediu os relatórios para os médicos: "Para quê? Vocês não vão entender nada mesmo." De fato, Augusto era economista e Michaela, a mãe, tradutora e linguista. Porém, mesmo sem qualquer formação médica ou científica, eles seguiram em frente. Augusto começou a cursar Bioquímica do Sistema Nervoso e Michaela se enfurnou em bibliotecas para descobrir qualquer detalhe registrado da doença.

Quando já conheciam o básico, tiveram a ideia de promover o 1º Simpósio Internacional de ALD, para o qual convidaram os poucos especialistas na enfermidade que existiam no mundo. Médicos, biólogos e pesquisadores compareceram ao evento, interessados em trocar experiências e conhecimento. Esse foi o passo fundamental para se chegar ao primeiro medicamento específico para ALD. Desenvolvido a partir do óleo da oliveira, o remédio se tornou conhecido como óleo de Lorenzo.

Em 1992, a história deu origem a um filme de sucesso, com Susan Sarandon e Nick Nolte interpretando os pais, Michaela e Augusto. O longa começa com a seguinte frase, atribuída a Stevie Wonder: "A vida só tem significado se houver luta. Triunfo ou derrota estão nas mãos dos deuses. Então vamos celebrar a luta!"

Pesquisas posteriores revelaram que o óleo de Lorenzo é eficaz somente para prevenir o início dos sintomas, mas pouco útil em casos mais avançados da doença. Inexplicavelmente, porém, o medicamento funcionou com Lorenzo: ele viveu até os 30 anos, em vez dos dois que os médicos tinham previsto.

FAMOSOS DISLÉXICOS

Um distúrbio bem mais comum entre crianças e, felizmente, bem menos grave é a dislexia, problema genético que dificulta o aprendizado, a leitura e a escrita. Estima-se que entre 10% e 15% da população mundial seja disléxica. Curiosamente, o índice dobra quando analisamos pessoas bem-sucedidas. Várias personalidades – como Walt Disney, Henry Ford, Pablo Picasso, Albert Einstein, Agatha Christie, Ted Turner, Richard Branson, Cher, Jim Carrey, Keanu Reeves – são disléxicas, ainda que não se tenha confirmação quanto a algumas delas, como Thomas Edison e Winston Churchill.

Isso levanta a especulação: se o mal acomete 30% dos ricos e famosos, seria ele... desejável? É o que sugere o canadense Malcolm Gladwell em sua obra *Davi e Golias*. Diz ele que, se ficar comprovada a relação entre dislexia e sucesso na vida, os pais talvez *queiram* ter filhos disléxicos.[5]

Minha abordagem neste capítulo é totalmente oposta. Doenças e distúrbios são sempre (repito: sempre) ruins. Porém, apesar de indesejáveis, somos obrigados a encará-los. Nesse caso – e somente nesse caso –, devemos estar atentos e abertos para identificar algum ganho secundário. Não se trata de uma visão otimista, mas de uma decisão realista e pragmática, baseada na lógica: se não podemos mudar uma situação, cabe tirarmos o melhor proveito dela.

O escritor Carlos Heitor Cony foi "mudo até os 5 anos e trocava as letras até os 15".[6] Para superar as dificuldades de dicção, entrou no universo literário, de onde nunca mais saiu. O publicitário Washington Olivetto passou parte da infância deitado em uma cama, por suspeita de poliomielite. Sem ter o que fazer, mergulhou nos livros e assim tomou gosto pela leitura. Com o passar do tempo, acabou encontrando uma forma de ganhar a vida escrevendo. O ex-presidente americano John Kennedy foi um menino extremamente doente. Teve escarlatina, problemas digestivos e até uma doença misteriosa (os médicos temiam ser leucemia). "Talvez isso tenha lhe dado outro tipo de força que o ajudou a ser o grande homem que ele se tornou", escreveu a mãe em suas memórias.[7]

O inventor Nikola Tesla ficou tão doente na adolescência que chegou a ser desenganado pelos médicos. O pai lhe prometeu: "Se você se recuperar, pode estudar o que quiser, até engenharia" – até então, ele exigia que o garoto fosse sacerdote da Igreja Ortodoxa.[8] Tesla se recuperou, e o resto é história da ciência. "A adversidade tem o efeito de despertar talentos que, em circunstâncias prósperas, ficariam adormecidos", escreveu o filósofo Horácio.

A SINUSITE QUE NOS DEU UM GÊNIO

Em 1940, o cartunista Carl integrava a equipe da poderosa Disney, em Los Angeles, empresa que já colecionava sucessos e Oscars com os filmes *Branca de Neve*, *Pinóquio*, *Dumbo* e *Bambi*. Apesar do emprego disputado, Carl sofria com o ar refrigerado do estúdio. No início, eram tosses, coriza e cansaço, mas quando os sintomas evoluíram para dores de cabeça, dores musculares e febre, ele teve que consultar um médico. "Ou você deixa o ar-condicionado ou terá que se submeter a uma dolorosa e complicada cirurgia nasal, sem garantia de sucesso", sentenciou o doutor.

Sem querer abrir mão da carreira, o desenhista persistiu por mais algum tempo, porém o agravamento da sinusite, somado ao clima de competição intensa e à excessiva pressão nos estúdios – "Tinha um monte de gente olhando por cima dos meus ombros e criticando o meu trabalho o tempo todo" –, o levou a decidir se mudar para uma região bucólica, menos poluída.[9]

Assim, em 1942, com dor no coração (e coriza no nariz), Carl mudou-se com a família para San Jacinto. A cidade, no sul da Califórnia, era tão pequena que não tinha emprego para um profissional especializado como ele. Conformado, Carl passou a viver da criação de galinhas e da venda de ovos.

Foi aí que ocorreu uma reviravolta típica dos quadrinhos. Com o fim da Segunda Guerra Mundial, os Estados Unidos entraram em uma onda de prosperidade sem precedentes. E uma das empresas impulsionadas foi a Disney. Para atender à crescente demanda, o estúdio precisou contratar freelancers. Um deles foi justamente o vendedor de ovos de San Jacinto.

Carl custou a acreditar. Era o melhor dos dois mundos: atuar na empresa dos sonhos e ficar longe do clima tóxico (nos dois sentidos) dos estúdios.[10] E ali, na tranquilidade de sua propriedade, cercado apenas por árvores e montanhas, Carl Barks simplesmente revolucionou os quadrinhos Disney.

Suas histórias com o Pato Donald, o Tio Patinhas, o Professor Pardal, os Irmãos Metralha e outros personagens clássicos se tornaram antológicas.[11] Os gibis, que antes eram relegados a segundo plano pelos estúdios, tornaram-se entretenimento de primeira categoria. Nas décadas seguintes, o trabalho do "homem dos patos", como ficou conhecido, atraiu um número crescente de leitores e fãs de todas as idades.

Em meados dos anos 1980, segundo o crítico americano Leonard Maltin, Barks era o autor mais lido do planeta, com 22 milhões de leitores mensais. Suas aventuras influenciaram gerações de artistas, roteiristas e até cineastas. "As histórias de Barks não se movem simplesmente de um quadrinho para outro. Elas fluem em tomadas ininterruptas que conduzem a outras tomadas, como um filme", afirmou George Lucas. Aliás, Lucas e Steven Spielberg retiraram de um gibi do Tio Patinhas a cena da pedra rolante do filme *Os caçadores da arca perdida*.

Teria Barks ido tão longe se permanecesse na Disney? Provavelmente não. No livro *Carl Barks: Conversations*, o quadrinista lembra que os editores "achavam que crianças de 8, 9 anos não entendiam o que liam e, de qualquer forma, jogavam [a revista] fora mesmo". Logo, não valia a pena produzir narrativas mais elaboradas. Já o artista tinha opinião diametralmente oposta: "Eu não conheci nenhuma criança que fosse burra como os editores pensavam (...) Lembro que, quando eu era garoto, tinha um entendimento quase completo das coisas."[12] Longe dos chefes tiranos e controladores, ele pôde seguir seu próprio critério: "Primeiro, eu escrevia algo para entreter a mim mesmo, e talvez isso pudesse agradar às outras crianças também."

E qual foi a contribuição da sinusite nessa história toda? No livro *The Fine Art of Donald's Duck*, a autora Barbara Boatner afirma que "foram o pré-histórico ar-condicionado do estúdio e a grave sinusite de Barks que o colocaram no caminho de Patópolis".[13]

Se você ainda tem dúvida se problemas de saúde podem nos beneficiar, vamos convocar um dos detetives mais famosos da ficção para avaliar o assunto: o tenente Columbo.

Uma das séries policiais de maior êxito da TV, *Columbo* fez sucesso por subverter a fórmula do gênero. Os episódios revelavam logo no início quem era o criminoso e só então surgia Columbo para conduzir as investigações. Mas o tenente sempre aparecia malvestido, usando um casaco puído e dirigindo um Peugeot caindo aos pedaços. O vilão, geralmente alguém rico e famoso, subestimava o pobre policial e até caçoava dele. Conforme o episódio avançava, no entanto, Columbo se impunha e, com perspicácia e persistência, reunia provas imperceptíveis ao público e colocava o arrogante assassino na cadeia. Sempre a mesma história: subestimado no início, surpreendente no final.

Acontece que o roteiro refletia a história de vida do próprio ator. Aos 3 anos, Peter Falk perdeu um dos olhos, vítima de câncer, e passou a usar um olho de vidro. Tendo enfrentado preconceito, bullying e deboche por conta da deficiência, o menino aprendeu cedo que teria que dar mais duro que os outros.

No colégio, Falk era tido como "café com leite" e preterido dos times. Para garantir um lugar nas equipes de basquete e beisebol da escola, precisou treinar muito, mas acabou se firmando como um dos astros das equipes. No serviço militar, foi dispensado por não passar no exame médico e ser considerado "incapaz". Novamente não aceitou a negativa: insistiu tanto que conseguiu entrar na Marinha, onde serviu como cozinheiro.

Quando iniciou a carreira de ator, encarou rejeições ainda mais cruéis. "Com um olho de vidro, você não pode esperar muita coisa", ouviu de um selecionador de elenco. "Pelo mesmo preço, posso contratar um ator com os dois olhos", disparou um diretor.[14] Apesar disso, ele seguiu adiante. Quando obteve os primeiros papéis, não desperdiçou sua chance: foi o primeiro ator da história a ser indicado para o Oscar e o Emmy no mesmo ano (1961).

Peter Falk atingiu a glória ao interpretar o tenente Columbo. As semelhanças entre realidade e personagem são tamanhas que é difícil saber onde termina um e começa o outro. O casaco de chuva saiu do guarda-roupa do ator. Foi ele que escolheu o carro, as roupas e o tema musical. Até a marca registrada de Columbo, o olhar confuso, perdido e levemente estrábico, é resultado direto do olho de vidro. "Inicialmente, você pensa que é um coitado. Chega a sentir pena. Ele parece não estar vendo nada, mas está vendo tudo", disse Falk sobre o personagem – mas podia muito bem estar falando de si mesmo.[15]

Depois de ler sua autobiografia, *Just One More Thing* (Só mais uma coisa), concluí que Peter Falk não triunfou *apesar da* deficiência, mas *por causa* dela. Isso não significa que tenha "valido a pena". Em 2000, em uma de suas últimas entrevistas, perguntaram-lhe se ele não se incomodava em ser lembrado por apenas um personagem. Depois de fumar seu charuto, Falk pensou um pouco e respondeu: "Não é tão ruim. Tenho dinheiro e boas mesas em restaurantes. Não é como o câncer."[16]

Se perder um dos olhos aos 3 anos é trágico, imagine perder, na mesma idade, a visão dos *dois* olhos.

Aconteceu no século 19, na cidade de Coupvray, a cerca de 30 quilômetros de Paris. O garoto Louis brincava na oficina do pai, um fabricante de selas para cavalos, quando feriu um dos olhos com um objeto cortante, possivelmente uma navalha enferrujada. A lesão evoluiu para uma infecção (como o episódio ocorreu antes de Alexander Fleming criar a penicilina e Louis Pasteur estudar os germes, não havia tratamento), que se alastrou para o outro olho. Em questão de meses, o menino estava completamente cego.

Para piorar, naquela época os deficientes visuais eram vistos como pessoas incapazes de estudar e trabalhar. Estavam condenados a depender da caridade de familiares, entidades ou desconhecidos. Muitos achavam até que os cegos eram deficientes mentais, por andarem sem direção pelas ruas, sujos e pedindo esmolas.

Por tudo isso, os pais de Louis ficaram arrasados com sua desgraça. Mas o menino, alheio à frustração geral, desenvolveu-se normalmente. Aos 7 anos, já estava perfeitamente familiarizado com a nova condição. Era tão curioso e esperto que chamou a atenção de um professor da escola local. Contrariando a orientação dos superiores, que achavam perda de tempo ensinar um cego, o educador admitiu Louis em sua classe.

Para surpresa de todos, o garoto se destacou como um dos melhores da turma. Tinha raciocínio rápido e claro e memorizava tudo que o professor dizia. Seu potencial sensibilizou o professor, que, juntamente com os pais de Louis, decidiu inscrevê-lo na primeira escola do mundo destinada a crianças cegas, em Paris.

O problema era que o prestigiado L'Institut Royal des Jeunes Aveugles era pago, e nada barato. Felizmente, um homem abastado que acompanhava as estripulias de Louis na igreja local aceitou bancar seus estudos. Assim, aos 10 anos, o menino cego do interior estava feliz por integrar uma instituição especializada em crianças como ele. Mas sua sede por conhecimento era muito grande para a pouca oferta de títulos na biblioteca. Até então, produzir livros para deficientes visuais era um trabalho árduo, lento e caro. Alguns títulos chegavam a pesar quilos.

Ao questionar o diretor sobre a limitação, Louis ficou sabendo de uma nova forma de adaptação das obras. Era um sistema ainda em estudo, desenvolvido na guerra; baseado em pontos em relevo, permitia aos soldados trocarem mensagens durante a noite. Animado, o aluno quis saber tudo sobre o novo método. E assim, durante meses, ficou acordado até tarde todas as noites, tentando aperfeiçoar o sistema.

E não é que ele conseguiu? Aos 13 anos, Louis Braille criou o revolucionário método que leva seu nome. Com diferentes combinações de apenas 6 pontos em relevo, o sistema permite representar 63 caracteres, incluindo números e pontuação.

Em questão de décadas, a escrita braille conquistou o mundo. Mesmo hoje, em avançados tempos digitais – em que temos aplicativos como Be My Eyes, os chamados óculos inteligentes e assistentes virtuais de celulares –, o método continua sendo utilizado em todo o mundo.

O AGENTE TRANSFORMADOR

Se você se lembrou da frase "Há males que vêm para o bem", saiba que não gosto dela, por excluir o sujeito. Afinal, quem transforma os males em bem? Se não fizermos nada, se não agirmos ativamente, a maioria dos males vem para... o mal. Eu prefiro a ideia do agente transformador, aquele que atua firmemente para ressignificar sua condição. Nicole Clicquot não esperou que seu mal "viesse para o bem", ela enfrentou todo tipo de preconceito para reverter sua situação. Jill Taylor agiu ativamente durante o tempo em que esteve paralisada, e foi só assim que conseguiu se beneficiar do AVC.

Se Louis Braille não acreditasse no poder transformador do esforço e da persistência, teria tido o mesmo fim trágico dos cegos de então. No entanto, ele se determinou a mudar não apenas sua condição, mas a de todos os que estavam na mesma situação que ele: "Não queremos ser chutados do mundo porque não podemos ver. Pelo contrário, queremos trabalhar, estudar e ser iguais aos outros. Nunca mais ser tratados como ignorantes ou motivo de pena. Farei tudo que estiver ao meu alcance para ajudá-los a conseguir dignidade através do conhecimento."[17]

O menino cego de Coupvray transformou a vida de pelo menos 1 bilhão de pessoas. Isso mesmo: 1 bilhão. A escrita braille foi lançada há quase dois séculos. Segundo a Organização Mundial da Saúde (OMS), existem hoje cerca de 250 milhões de cegos ou pessoas com baixa visão no planeta. A cada cinco segundos uma nova pessoa se torna cega no mundo, de acordo com o estudo World Report on Disability 2010 e Vision 2020.

Pelo seu legado, Louis Braille está enterrado no Panteão de Paris, ao lado das maiores personalidades da França, como Victor Hugo, Voltaire, Descartes, Marie Curie e Alexandre Dumas.

É claro que para cada Louis Braille, Peter Falk, Carlos Heitor Cony e Nikola Tesla existem milhões de indivíduos que só foram prejudicados por suas tragédias pessoais. Mas isso não deslegitima quem conseguiu explorá-las como oportunidades.

"O menino é pai do homem", escreveu Machado de Assis. De fato, o que vivemos na infância pode determinar profundamente nossas escolhas futuras. Foi o que aconteceu com Margaret Sanger.

Aos 12 anos, ela viu a mãe morrer de tuberculose aos 40. O que mais impressionou a menina foi o que a mãe viveu antes: enfrentou uma série de 11 gestações e 7 abortos naturais. Finalmente, doente e enfraquecida, sucumbiu à tuberculose.

O pesadelo continuou fora de casa. Morando em um bairro pobre, Margaret cresceu vendo amigas perderem a vida em partos mal realizados e "clínicas de aborto de 5 dólares".

Quando adulta, foi natural para ela formar-se em enfermagem e obstetrícia. Queria ajudar as mulheres que, como a mãe e as vizinhas, enfrentavam problemas graves de gravidez. Após formada, Margaret foi atender em comunidades pobres, onde a população mais sofria com os abortos ilegais. Com o tempo, passou a ser uma ferrenha defensora de métodos contraceptivos, o que é condenado pela Igreja. Aos 30 anos, cunhou o termo *birth control*, controle de natalidade.

A enfermeira publicou panfletos e livros sobre educação sexual. Como o tema era proibido também por lei (era o início do século 20), ela foi presa, acusada de distribuir "material obsceno". Sua detenção e o consequente julgamento incendiaram a opinião pública. Foi aí que o movimento em favor do controle de natalidade ganhou força.

Margaret Sanger se tornou a primeira ativista pelo planejamento familiar dos Estados Unidos. Por sua atuação em temas tão polêmicos, foi acusada de abortista, racista e eugenista. Aos 57 anos, viu sua luta valer a pena: a lei americana autorizou os médicos a receitarem métodos contraceptivos. Mas sua ambição era maior: contribuir para a chegada da pílula anticoncepcional, que reduziria a elevada taxa de mortalidade de mães e filhos.

Aos 74 anos, Margaret procurou o biólogo Gregory Pincus. Para sensibilizá-lo, ela levou outras mulheres ao encontro, mães tão desesperadas pelo controle da gestação que se ofereceram como cobaias para os testes clínicos.

Finalmente, aos 81 anos, Margaret Sanger viu seu sonho se concretizar: em 1960, a agência de saúde americana FDA (Food and Drug Administration) aprovou a pílula anticoncepcional.[18] A garota traumatizada com a morte da mãe exerceu importante papel na revolução sexual e na emancipação feminina que vieram em seguida.

◆ ◆ ◆

A maioria das pessoas prefere evitar pacientes terminais e portadores de graves deficiências físicas ou mentais. O motivo é que eles causariam uma sensação desagradável, nos lembrariam da inevitabilidade da morte.

Mas a proximidade com a morte pode ser até um poderoso motivador. Veja o caso de Steve Jobs, que construiu uma das empresas mais valiosas do mundo e, no caminho, ajudou a revolucionar sete indústrias: computação pessoal, animação, música, telefonia, tablets, lojas de varejo e editoração digital. De onde ele tirou tanta energia, foco e determinação? Acompanhe o que Jobs falou em seu antológico discurso em Stanford em 2005:

> *Lembrar que estarei morto em breve é a ferramenta mais importante que já encontrei para me ajudar a tomar grandes decisões. Porque quase tudo – expectativas externas, orgulho, medo de passar vergonha ou de fracassar – se apequena diante da morte, deixando apenas o que é mais importante (...) A morte é, muito provavelmente, a principal invenção da vida.*

**OPORTUNIDADES DISFARÇADAS
AO SEU REDOR**

Em 1977, o americano Gary Gilmore foi condenado à morte por roubar e assassinar duas pessoas. Suas últimas palavras, em frente ao pelotão de fuzilamento, inspiraram a criação de um dos slogans mais conhecidos do mundo. Você sabe dizer de qual destas marcas é esse slogan?

    ( ) *Taurus*

    ( ) *Nike*

    ( ) *Apple*

Resposta no fim do capítulo.

Por que os bilionários da internet limitam o tempo que os filhos passam on-line? Isso mesmo: Mark Zuckerberg, Bill Gates e diversos altos executivos das empresas eBay, Uber, Apple e Google preferem que os filhos leiam, desenhem e cozinhem em vez de ficarem nas redes sociais. Talvez eles suspeitem de algo de que este livro trata muito bem: as oportunidades estão no mundo real. Você pode aproveitá-las *através* do mundo digital, mas só conseguirá *identificá-las* se estiver presente no aqui e agora, atento às experiências humanas ao redor.

O Uber foi concebido por alguém que esperava táxi na chuva. A Netflix foi idealizada por um sujeito inconformado com uma multa exorbitante na locadora de vídeo. O Facebook foi pensado para que universitários elegessem as garotas mais bonitas do campus. Mais humano e trivial, impossível.

"Deixe as crianças fazerem bolos em vez de assistirem ao YouTube e elas serão mais propensas a se sentirem estimuladas e se tornarem futuros magnatas da tecnologia", afirmou a jornalista Alice Thomson, do jornal inglês *The Times*.[1] A seguir, uma compilação de histórias de pessoas e empresas que encontraram oportunidades dentro de casa, no trabalho, nas ruas, nas viagens, nos livros, nas mudanças e até numa execução.

AO SEU REDOR NA VIDA FAMILIAR E PROFISSIONAL

O americano Sherman Poppen observava com preocupação as filhas descerem uma montanha montadas num trenó. As meninas eram pequenas, a montanha era alta e a peripécia parecia perigosa. Como engenheiro, Poppen tratou de improvisar um equipamento mais seguro. Pegou um par de esquis, prendeu-os lado a lado com tiras de couro e entregou sua criação para as filhas brincarem. Funcionou. O pai preocupado tinha acabado de inventar a prancha de snowboard.[2]

Em pouco tempo, a novidade se tornou popular na região, tanto que chamou a atenção de um fabricante de equipamentos esportivos. Mais do que um produto, o equipamento deu início a uma nova modalidade esportiva.

Tentar resolver um problema que você mesmo está vivendo pode ser uma ótima maneira de achar uma oportunidade disfarçada. Veja o que aconteceu com o carioca André. Depois de se mudar para São Paulo em busca de emprego e não conseguir, e de tentar uma bolsa para um mestrado na PUC, também sem sucesso, ele estava arrasado. Retornou cabisbaixo para o Rio de Janeiro, lamentando-se: "Poxa, depois de tanto estudo, dedicação e esforço para encontrar aqueles 100 livros…"

Foi quando ele se deu conta de como era difícil encontrar títulos usados em sebos. Na época, início dos anos 2000, a maioria desses estabelecimentos não tinha controle do acervo. Nem os donos sabiam com certeza quais livros estavam nas pilhas empoeiradas. Formado em Administração, André pensou: "E se eu criasse um site que reunisse os sebos e catalogasse os acervos?" A ideia parecia boa, o problema estava na execução. Desempregado e sem dinheiro para contratar um programador, decidiu ele mesmo aprender desenvolvimento de softwares. Depois de algum tempo, conseguiu criar um sistema básico de buscas. Em 2005, com apenas 10 sebos cadastrados na plataforma, André Garcia lançava o site Estante Virtual, atualmente o maior portal de livros de segunda mão do Brasil, com um acervo de 16 milhões de títulos.³

Outro brasileiro que se deu bem explorando uma dificuldade que conhecia de perto foi Carlos Mira. Em 2014, ele participava de um concurso de startups no Vale do Silício. Tendo atuado durante anos no setor de logística e transporte de cargas, Mira elaborou um projeto para tratar de um dos maiores desafios dos serviços de transporte no Brasil: os caminhões que transitam vazios. Estimativas apontam que 20% dos veículos pesados, depois de realizar entregas, não conseguem cargas para o retorno. Imagine o desperdício de pneus, combustível e horas dos motoristas.

Mira teve a ideia de criar um aplicativo que conectasse caminhoneiros ociosos a empresas com cargas para entregar. Mas, apesar do insight engenhoso, ele se sentiu intimidado. Seus concorrentes no concurso exibiam ideias muito mais pujantes, atraentes e grandiosas, envolvendo robótica, inteligência artificial e até o Google Glass.

Por atender uma questão urgente e real, a TruckPad levou o primeiro prêmio: foi eleita "a startup mais inovadora do mundo" na ocasião.⁴ Em 2018, a revista *Exame* apontou o aplicativo como uma das 10 startups brasileiras capazes de se tornar um unicórnio, isto é, um negócio avaliado em mais de 1 bilhão de dólares.

AO SEU REDOR NAS RUAS

Sabe a moda de andar com a calça caindo, deixando parte da cueca à mostra? Foi popularizada pela Calvin Klein, em uma série de anúncios com modelos jovens vestidos dessa maneira. O curioso é que a marca apenas projetou o que já acontecia nas ruas. Moradores de comunidades negras americanas adotaram o visual como forma de protesto contra a decisão do governo de proibir prisioneiros de usarem cintos, porque o acessório estava sendo utilizado para assassinatos e suicídios. A Calvin Klein foi perspicaz em capturar a tendência.⁵

Outra movimentação que levou a uma grande ideia: o engenheiro britânico Anthony Cleaver caminhava pelo centro de Londres quando notou uma enorme fila na entrada de uma agência do Lloyds Bank. Toda sexta-feira, dia de pagamento, era a mesma coisa: gente se acotovelando nas ruas para sacar o salário. Cleaver imaginou uma máquina que permitisse aos clientes acessar suas contas sem precisar entrar no banco. O engenheiro levou o insight para a direção da IBM, onde trabalhava, e algum tempo depois chegava às ruas o primeiro caixa eletrônico a permitir saques em dinheiro, resultado da parceria entre Lloyds Bank, IBM e, claro, da ideia de Sir Anthony Cleaver – pelo conjunto da obra, ele recebeu o título de Cavaleiro da Ordem do Império Britânico, além de se tornar CEO da IBM no Reino Unido.[6]

Corta para São Francisco. Em 2007, a cidade foi palco de uma importante conferência de design. O evento atraiu tanta gente que se esgotaram as opções de hospedagem. Os universitários (e desempregados) Brian Chesky e Joe Gebbia viram naquilo a oportunidade de faturar algum dinheiro. Afinal, tinham que pagar o aluguel. Eles prepararam a sala do apartamento que dividiam, colocaram três colchões infláveis e anunciaram na internet: Air Bed and Breakfast. A procura foi tão grande que, após o evento, Chesky e Gebbia se animaram a criar um novo negócio: "Já pensou quantos quartos vazios há por aí?" Formado em Desenho Industrial, Chesky desenvolveu um site em que os proprietários de imóveis podiam disponibilizar suas casas para turistas. Sim, essa é a história do Airbnb.[7]

Voltemos à Inglaterra, onde ocorreu caso semelhante. O investidor Greg Marsh caminhava por Mayfair, bairro chique de Londres, quando reparou no grande número de mansões fechadas. Ele se perguntou: "Por que os lugares onde eu mais gostaria de ficar se estivesse visitando esta cidade não estão disponíveis?" Baseado nisso, Marsh considerou montar uma espécie de Airbnb do luxo: uma plataforma que oferecesse hospedagem em imóveis de alto padrão, incluindo mansões, castelos e até ilhas. Convencer os proprietários endinheirados a ceder seus bens para desconhecidos foi a parte mais difícil. Mas acabou dando certo. Mesmo o sujeito mais rico tem interesse em reduzir gastos ou faturar um extra (talvez por isso mesmo seja milionário).[8] Lançado em 2009, o site Onefinestay foi adquirido em 2016 pela rede AccorHotels, por 170 milhões de dólares.

Em 2017, fiz um curso no Imperial College, em Londres, com a presença do próprio Greg Marsh. Na ocasião, ele me disse "Ideia não vale nada. O que vale é a execução", referindo-se a toda a dificuldade que enfrentou para viabilizar seu empreendimento.

É evidente que a parte mais difícil de qualquer negócio inovador é viabilizá-lo. Da Disneylândia à Netflix, do Ford T ao Snapchat, do Greenpeace à SpaceX, tudo exigiu doses enormes de persistência, resistência, teimosia, resiliência e trabalho duro para sair do papel. Mas, como criativo e apaixonado por ideias, não posso concordar com a primeira parte da afirmação de Marsh. "Nada de importante e original neste mundo surgiu sem ter antes uma ideia", respondi para ele. Seja uma empresa, um produto, um edifício, um movimento, uma filosofia, uma tese científica. Tudo começou com uma concepção abstrata. Claro que, quando falo em ideias, não me refiro a pensamentos aleatórios ou passageiros, mas a soluções inovadoras e adequadas a uma situação específica: um trabalho, uma limitação, um impasse ou problema. "Todo o conhecimento humano começou com intuições, passou daí aos conceitos e terminou com ideias", escreveu o filósofo Kant.

Michael Conrad, presidente da Berlin School of Creative Leadership, explica: "Por trás do sucesso em qualquer negócio lucrativo está a criatividade, está uma ideia. Pode ser a ideia de um produto, a ideia de um serviço, a ideia de uma marca, a ideia da distribuição, a ideia do negócio em si, a ideia da promoção, a ideia de um evento, a ideia de um preço, a ideia da comunicação, a ideia da colaboração, a implementação de uma ideia, uma ideia tecnológica, uma combinação delas ou de outras. Ideias dirigem os negócios."[9]

AO SEU REDOR NAS VIAGENS

O fazendeiro Joseph Glidden buscava uma forma de proteger sua propriedade em DeKalb, interior de Illinois, contra a invasão de bandidos e animais. Em visita a um evento em outra cidade, ele viu algo que estimulou sua imaginação: um trilho de trem com pontas de ferro nas extremidades, para manter os bois distantes e evitar acidentes. "Se houvesse algo parecido ao redor da minha fazenda, acho que afastaria os intrusos", pensou ele. Glidden foi quem criou, no século 19, o arame farpado, invenção apontada como uma das 100 maiores da história.[10] Passado quase um século e meio de sua criação, ainda não surgiu um concorrente à altura em preço e eficiência. Mesmo hoje, em avançados tempos digitais, o arame farpado continua onipresente. Pela invenção, Joseph Glidden se tornou milionário e tão popular que há uma cidade em Iowa batizada como Glidden, em sua homenagem.

Também nos Estados Unidos nasceu a grande ideia do japonês Maki Kaji, no início dos anos 1980. Em uma banca de revistas, ele se deparou com um passatempo desconhecido em seu país: um jogo feito de números. Kaji teve a iniciativa de adaptar e lançar a brincadeira no Japão, onde as pessoas são fascinadas por números. Depois de alguns aperfeiçoamentos, lançou o jogo por lá chamando-o de Suuji Wa Dokushin Ni Kagiru (algo como "números que devem permanecer juntos"). Mas a novidade pegou mesmo com o nome simplificado de Sudoku, e hoje é popular em todo o mundo. O japonês viajante é proprietário da maior editora de puzzles em seu país.[11]

Agora, uma história que se passou no Brasil. No final dos anos 1960, os irmãos Nancy e Joaquim Oliveira buscavam um nome para batizar o arroz que produziam em família. Nancy, que tinha acabado de retornar de viagem, lembrou-se:

– Lá nos Estados Unidos tem um arroz chamado Uncle Ben.

– Uncle Ben? Por quê?

– Não sei, talvez porque é um nome comum por lá. Todo americano tem um tio chamado Ben.

– Bom, aqui no Brasil todo mundo tem um tio chamado João. E se a gente chamasse de Tio João?[12]

E, com esse nome, o arroz Tio João se tornou uma das marcas líderes do mercado.

Outro brasileiro que teve um insight nos Estados Unidos foi o estudante universitário Robinson Shiba. Em passagem pela Chinatown de São Francisco, ele ficou fascinado com o sistema *take-away*: refeições vendidas em caixinhas de papelão, para serem consumidas em casa ou outros locais. Uma solução prática, moderna e econômica. De volta ao Brasil, Shiba decidiu lançar um negócio semelhante: pratos orientais entregues numa caixinha. Escolheu o adequado nome de China in Box. O curioso é que a maior rede de comida chinesa do país foi fundada por um japonês. Sim, Robinson Shiba é descendente de japoneses.

Por falar em japoneses, eles souberam se aproveitar da dificuldade do brasileiro para diferenciar os povos asiáticos. Após a Segunda Guerra Mundial, os imigrantes vindos do Japão enfrentavam forte preconceito por terem se aliado aos alemães no conflito, então se passavam por chineses e, tal como eles, montavam barraquinhas para vender pastéis em feiras livres. Hoje, os nipônicos predominam nas feiras livres de São Paulo.[13]

AO SEU REDOR NAS DECISÕES DO GOVERNO

No início dos anos 1980, o artista Guy Laliberté ganhava a vida fazendo malabarismos nas ruas de Quebec. Mas suas ambições eram muito maiores.

Então ele soube que o governo canadense planejava uma comemoração dos 450 anos da chegada do primeiro explorador francês ao país, Jacques Cartier, e seriam selecionadas (e comissionadas) atrações para o evento. "É a minha chance", pensou Laliberté. Ele reuniu alguns amigos que também se apresentavam nas ruas – equilibristas, cuspidores de fogo, homens em pernas de pau, dançarinos, músicos – e se propôs a criar um espetáculo inovador, reunindo atividade circense, arte dramática, luzes multicoloridas, música e dança. Depois de muito ensaio, a trupe se apresentou na prefeitura. Pela originalidade, a proposta foi selecionada para o evento, e o grupo fez tanto sucesso que foi convidado a se apresentar em outras regiões do Canadá. Foi o pontapé inicial para o surgimento do Cirque du Soleil.[14] Até hoje, o ex-malabarista Guy Laliberté continua à frente da companhia líder em entretenimento ao vivo no mundo.

Outra decisão pública que impulsionou um novo negócio aconteceu por volta do ano 2000, quando o governo chinês anunciou que priorizaria cada vez mais a exportação. O professor de inglês Jack Ma identificou nisso uma grande oportunidade, pois a maioria dos empresários chineses só falava mandarim. "Como vão negociar suas mercadorias no exterior?", pensou ele. Jack esboçou um site que permitisse a qualquer produtor chinês expor seus produtos para clientes de todo o mundo. Para traduzir o conteúdo para diversas línguas, o professor reuniu 17 colegas tradutores em seu apartamento. Foi ali mesmo que nasceu a plataforma de negócios Alibaba.[15] Jack Ma não poderia imaginar que sua empresa se tornaria o símbolo da rápida expansão que a China experimentou nos anos seguintes. Atualmente, a Alibaba está atrás apenas da Amazon no gigantesco mercado de comércio eletrônico global.

AO SEU REDOR NA LITERATURA

Livros são excelentes para nos dar insights, abrir nossa cabeça e nos empurrar para a frente. Sei bem do que estou falando: meu primeiro livro, *Criação sem pistolão*, só foi escrito após eu ter lido *O apanhador no campo de centeio*, de J. D. Salinger.

E não precisa ser obra de ficção ou romance, pode ser literatura empresarial mesmo – como este título que você tem em mãos. Aliás, a função deste livro é justamente auxiliá-lo a encontrar saídas criativas para o seu problema. Por alguma destas três maneiras:

- *Imitação*: simplesmente copiar uma estratégia bem-sucedida e aplicá-la na sua empresa.
- *Invenção*: você pode se inspirar nos casos relatados aqui para criar algo totalmente novo.
- *Combinação*: associar elementos de diversas histórias para encontrar a saída para o seu problema.

De qualquer forma, sempre que estiver perdido, confuso, sem direção, recorra a um bom livro. A literatura pode clarear as ideias. Como mostra o caso a seguir.

No início dos anos 1970, um jovem roteirista americano pretendia escrever um filme para crianças. Estava tão empenhado nisso que chegou a abrir mão de projetos muito mais promissores. E foi duramente criticado por familiares e amigos: "Pare de perder tempo. Faça algo importante. Algo que seja arte com A maiúsculo."

Mas ele sentia que precisava fazer o tal filme infantil. Tentou durante anos, escreveu centenas de páginas de roteiro e elaborou inúmeros rascunhos, mas permanecia sem rumo. Até se deparar com o livro *O herói de mil faces*. Nele, Joseph Campbell analisa a origem dos mitos em diversas culturas do mundo e destaca a jornada do herói. Subitamente, o roteirista se encontrou: "Aqui está a história. Aqui está o foco. Aqui está o fim. Aqui está a forma que engloba tudo." Baseando-se na obra, foi simples desenvolver o projeto. "É possível que, se eu não tivesse cruzado com Campbell, estivesse até hoje escrevendo o roteiro (inicial) de *Star Wars*", afirmou George Lucas em 1985.[16]

AO SEU REDOR NOS E-MAILS

Em 2011, o escocês Richard Howard perdeu o emprego justo quando a economia britânica entrava em recessão. Sem perspectiva de encontrar recolocação profissional no setor bancário, Howard decidiu migrar para o ramo da tecnologia, que parecia mais promissor.

Ao pesquisar o assunto, uma startup americana lhe chamou a atenção. Tinha poucos meses de vida, mas já havia atraído investidores de peso, como Jeff Bezos, da Amazon, e o Goldman Sachs. Sem cerimônia, Howard enviou um e-mail para o endereço eletrônico que encontrou no site da empresa: "Olá, pessoal. Eu adoraria trabalhar com vocês. Vocês planejam vir para Londres?" Acredite se quiser, ele recebeu resposta: "Sim, temos interesse. Vamos conversar?" Após duas entrevistas via Skype e uma reunião presencial, Howard foi contratado.

Como primeiro funcionário do Uber no Reino Unido, Howard teve o desafio de implementar o aplicativo no país, tarefa que realizou com competência em alguns meses. Nada mau para um desempregado que fez o grande esforço de enviar um e-mail.[17]

É possível mudar a vida de uma cidade inteira com um simples e-mail? Sim, é o que veremos agora. Em meados dos anos 2000, o português Dino Casimiro estava indignado. Seus amigos surfistas não acreditavam que sua cidade, Nazaré, tinha ondas tão grandes. A única maneira de fazê-los acreditar, acreditava Casimiro, era filmar alguém surfando nas ondas. Mas quem teria coragem de fazer isso? Mesmo os nativos de Nazaré evitavam a arrebentação, num misto de respeito e medo.

Certo dia, o português ouviu falar de Garrett McNamara, campeão mundial de *tow-in surfing* – modalidade em que o praticante é levado por helicóptero ou jet-ski ao topo de grandes ondas. Casimiro enviou para ele um e-mail provocativo: "Nossa cidade tem ondas de mais de 20 metros, mas ninguém ainda teve coragem de encará-las. E você?"

E não é que McNamara mordeu a isca? "Onde fica isso?", quis saber ele. Animado, Casimiro correu para a prefeitura para oficializar o convite. Levou um tempo para McNamara encontrar espaço na agenda para a visita. Quando chegou a Nazaré, porém, suas primeiras palavras foram: "Meu Deus! São as maiores ondas que já vi. Aqui é o Santo Graal."[18]

O vídeo de McNamara descendo uma onda de cerca de 24 metros viralizou em 2011. No ano seguinte, o *Guinness World Records* reconheceu a manobra como a maior onda já surfada na história (curiosamente, o recorde só seria quebrado em 2018, e por um brasileiro, Rodrigo Koxa, na mesma Nazaré). A partir de então, a cidade se tornou destino obrigatório das competições mais ousadas e dos surfistas mais corajosos do mundo.

Mais um e-mail fecundo: em 2001, o então estudante americano Jonah Peretti resolveu fazer uma pegadinha com a Nike. Aproveitando o recém-lançado serviço de personalização de produtos, Peretti pediu para escrever "*sweatshop*" em seus tênis. O problema é que o termo sugere algo como "péssimo local de trabalho", e pouco antes a Nike havia sido acusada de empregar mão de obra infantil na Ásia. A empresa recusou o pedido, alegando tratar-se de gíria ou palavrão; Peretti insistiu. A conversa continuou, mas a Nike não acatou o pedido.

A troca de e-mails viralizou na internet. E alcançou tamanha repercussão que obrigou a gigante dos artigos esportivos a se pronunciar publicamente. O episódio é considerado um dos primeiros virais da história.[19] Animado com o barulho, Peretti decidiu montar um negócio em torno justamente de virais.

O BuzzFeed surgiu em 2006, com o desafio de descobrir o que faz as pessoas compartilharem um conteúdo ou não. Espécie de fábrica de virais, o site se tornou em pouco tempo um dos maiores fenômenos da web. Em 2016, foi apontado pela revista *Fast Company* como a empresa mais inovadora do planeta. Seu valor de mercado atual é de 1,5 bilhão de dólares.

AO SEU REDOR NAS MUDANÇAS

É um chavão dizer que as mudanças são eternas e que a única maneira de sobreviver é se adaptando a elas. Em geral, isso é verdade, mas existem situações em que a oportunidade está justamente em *combater* as mudanças.

No final dos anos 1980, o mundo assistia à rápida expansão do setor de fast-food. Em alguns países, como o Brasil, a novidade era bem recebida por todos, por representar modernidade e praticidade. Já em centros urbanos europeus, o *american way of life* era visto como ameaça. Trattorias familiares e pubs tradicionais criticavam abertamente a chegada das redes padronizadas de comida rápida. Na França, fazendeiros e chefs se mobilizaram para defender a herança culinária do país, lançando o mote: "Onde o hambúrguer chega, o Roquefort morre."

Mas foi na Itália que a reação atingiu seu ápice, em 1986. O estopim foi a inauguração de um McDonald's no coração de Roma, em plena Piazza di Spagna. O jornalista italiano Carlo Petrini liderou um movimento "contra a loucura universal da vida rápida", alertando para o desaparecimento da culinária regional italiana e pregando o "retorno do prazer lento e prolongado à mesa". Nascia assim o Slow Food Movement.

O movimento ganhou novo impulso quando, no mesmo ano, houve um escândalo na região do Piemonte: 19 pessoas morreram vítimas de um vinho adulterado com álcool industrial. O fato prejudicou tanto a imagem da indústria vinícola italiana que as exportações caíram 30%. Ficou evidente que o país precisava reagir. Alguns meses depois, Petrini lançou o primeiro guia de vinhos italianos acessíveis e de qualidade. O Slow Food criou também eventos e cursos para aproximar produtores e consumidores. Aliás, o movimento prefere o termo "coprodutor" a "consumidor". Petrini justifica: "Ao conhecermos como o alimento é produzido e apoiarmos aqueles que o produzem, nos tornamos parceiros do processo de produção."[20]

Em pouco mais de 30 anos, o Slow Food Movement conquistou adeptos no mundo todo. Está presente em 132 países e fez surgir iniciativas semelhantes em diversas áreas – *slow health*, *slow beauty*, *slow tech* etc.

Outra marca que se deu bem ao combater o *modus operandi* do fast-food tradicional foi a rede mexicana Chipotle. Na verdade, a

Chipotle *é* uma rede de fast-food, mas bem diferente das demais: não é rápida (o pedido leva cerca de 15 minutos para o preparo), não é tão barata (seus itens custam em média 15% mais que os da concorrência), tem pouca variedade e não tem sobremesa, nem um cafezinho. Mas a rede se tornou um fenômeno de crescimento nos Estados Unidos por denunciar, através da comunicação, as péssimas práticas da indústria alimentícia: maus-tratos de animais, uso excessivo de agrotóxicos, antibióticos e hormônios de crescimento, agressão ao meio ambiente e tantas mais.

Porém, mais importante do que o discurso é a prática, de modo que cada "não" da lista anterior tem uma consistente razão de ser:

- O serviço não é rápido porque os ingredientes são frescos e os pedidos são preparados na hora. Os restaurantes Chipotle não têm freezer nem micro-ondas.
- Não é tão barato porque a carne vem de produtores que criam animais de forma natural, sem hormônios ou antibióticos.
- Não tem variedade porque os itens são adquiridos localmente, de fazendas que não usam agrotóxicos nem agridem o meio ambiente.
- Não oferece sobremesa nem café porque, segundo alegam, preferem se concentrar em poucos produtos.[21]

Pelo seu propósito bem definido, a marca deslanchou impulsionada pelos *millennials*, que são comprovadamente mais conscientes, preocupados com questões sociais e ambientais e com a origem dos alimentos que consomem.

Ironicamente, entre 2016 e 2018 a rede mexicana se envolveu em escândalos e enfrentou acusações à qualidade de seus pratos; centenas de pessoas foram contaminadas pelas bactérias salmonela e *E. coli*. Mas a Chipotle se recuperou rapidamente, graças ao apoio de sua legião de seguidores digitais, que defendem as ações da empresa em qualquer situação. Entre 2013 e 2018, a receita da Chipotle nos Estados Unidos cresceu 50%, enquanto a do McDonald's recuou 25%.[22]

Nadar contra a corrente exige energia, fôlego e determinação. Imagine a coragem de dizer "Não compre meus produtos" em plena Black Friday, a maior data do varejo americano. Parece suicídio, mas foi exatamente o que fez a marca de roupas Patagonia.

Em 2012, a empresa publicou um anúncio no *The New York Times* mostrando o carro-chefe da companhia, uma jaqueta, com o título "Não compre esta jaqueta" e o texto abaixo: "Não compre o que não precisa. Pense duas vezes antes de comprar qualquer coisa."

Fazia vários anos que a empresa vinha defendendo o comportamento "reuse, recicle e reutilize". O discurso atraiu os jovens preocupados com desperdício, sustentabilidade e produção de lixo. O mais surpreendente é que esse discurso contra o consumismo levou a Patagonia a bater seus recordes de… consumo. Entre 2007 e 2014, anos marcados por crises, as vendas da Patagonia cresceram 150%.[23]

Bem, se o senso comum diz que devemos acompanhar as mudanças, lembre-se de que estamos falando do senso *comum*. Para encontrar oportunidades, precisamos pensar diferente, ousar, sair da mesmice. O meio empresarial é complexo, ambíguo e repleto de contradições. A única coisa previsível no mundo dos negócios, diz a Xerox em seu site, é que ele é fundamentalmente imprevisível.

◆ ◆ ◆

Vamos agora à resposta do teste que abre o capítulo. As últimas palavras do condenado Gary Gilmore antes da execução foram "*Let's do it*", algo como "Vamos logo com isso". O publicitário Dan Wieden ficou com a frase na cabeça ao saber do caso. Onze anos depois, adaptou-a para seu cliente Nike ao criar o slogan *Just do it*.[24]

OPORTUNIDADES DISFARÇADAS
NAS EMBOSCADAS

Em 2008, nos Jogos Olímpicos de Pequim, a Pepsi surpreendeu ao trocar a cor da sua latinha de azul para vermelho, sob a alegação de que era "para apoiar as equipes chinesas". Os chineses vibraram com a homenagem e elegeram a Pepsi seu refrigerante preferido.

Acontece que o patrocinador oficial do evento era a Coca-Cola. E mais: vermelho sempre foi sua cor tradicional. Revoltada, a Coca tentou de tudo para penalizar a adversária, mas foi em vão: a Pepsi, habilmente, não havia ferido regra alguma.

MAGINE QUE SEU MAIOR CONCORRENTE fechou a cota de patrocínio de um grande evento. Antes que você se desespere e pense que tudo está perdido, calma: pode ser que o patrocinador oficial não explore tão bem o ativo, e mais: com criatividade, é possível até que a sua marca saia ganhando. É o chamado *ambush marketing*, ou marketing de emboscada, prática em que uma marca intrusa ataca de surpresa o patrocinador oficial, seu concorrente.

Como em 2014 e 2016 o Brasil sediou os maiores eventos globais, Copa do Mundo e Jogos Olímpicos, e minha agência cuidou da comunicação de patrocinadores oficiais (Adidas e Bradesco), pude me aprofundar no assunto. E descobri que sempre é possível que uma marca não oficial se destaque num evento sem ferir regra nenhuma (desde que tome os cuidados necessários). Para inspirar você a encontrar uma oportunidade disfarçada para o seu negócio, reúno a seguir as principais ações de marketing de emboscada de mais de 30 anos de história.

A tática teve início em 1984, nos Jogos de Los Angeles, quando se limitou pela primeira vez o número de parceiros oficiais. Até então, um sem-número de marcas podia se associar legalmente ao evento. Em 1976, por exemplo, houve nada menos que 628 parceiros oficiais.[1] Uma confusão dos diabos. Então, a partir de 1984 instituiu-se o limite de uma marca por segmento. Quem ficou de fora, é lógico, não gostou nem um pouco.

A Kodak foi uma das primeiras marcas inconformadas a adotar a prática. Como havia perdido os direitos de patrocínio para a rival Fuji, teve a ideia diabólica de adquirir *toda* a cota de transmissão de esportes do canal ABC. Como muito mais gente assiste aos jogos pela TV do que das arquibancadas, a Kodak conseguiu roubar o protagonismo: pesquisas posteriores apontaram a marca não oficial como a mais associada ao evento. O episódio causou profundo mal-estar no Comitê Olímpico Internacional (COI), que iniciou um crescente endurecimento das regras de proteção aos parceiros oficiais. Não adiantou muito, como veremos adiante.

Dez anos depois, o Brasil entrou em grande estilo na modalidade da emboscada. Na Copa do Mundo de 1994, nos Estados Unidos, a Kaiser era a parceira oficial do evento, mas a Brahma patrocinava a seleção brasileira e alguns jogadores. Então, para divulgar sua campanha "A número 1", a Brahma persuadiu os atletas a comemorarem os gols fazendo o número 1 com a mão. Para revés da Kaiser, o Brasil foi campeão naquela Copa, encerrando um jejum de 24 anos. Romário e equipe saíram nas capas de jornais e revistas fazendo o onipresente sinal de número 1 – uma avalanche de mídia espontânea que garantiu à Brahma a vitória na exposição pública. O espetacular é que não havia como *provar* que a Brahma e os jogadores cometiam algo irregular. Afinal, fazer o número 1 com a mão é um gesto corriqueiro, banal...

Outra batalha ocorreu nos Jogos Olímpicos de Sydney, em 2000. O slogan escolhido pelo COI para o evento foi *"Share the spirit"* (Compartilhe o espírito). Coincidentemente, a frase se assemelhava ao slogan da empresa aérea Qantas Airways: *"The spirit of Australia"* (O espírito da Austrália). Mas a parceira oficial da competição era a Ansett, concorrente ferrenha da Qantas. Não adiantou Ansett e COI tentarem suspender o mote da adversária. Ficou comprovado que a Qantas já usava o slogan antes do evento e que tudo não passou de uma bobeada do COI, e a Ansett perdeu a guerra das marcas. No ano seguinte, a companhia declarou falência. Claro que não pela infeliz coincidência, mas a barbeiragem não deve ter ajudado muito...

Nos Jogos Olímpicos de Inverno de 2002, em Salt Lake City, Estados Unidos, a Anheuser-Busch desembolsou 50 milhões de dólares pelo patrocínio oficial. Porém, a pequena cervejaria Wasatch Beers estampou em seus caminhões: "A cerveja não oficial dos Jogos de Inverno de 2002". Como a publicidade não usava o termo "Olimpíada" nem o logo dos cinco anéis, não pôde ser suspensa ou penalizada. O público se divertiu com a travessura da Wasatch Beers.

Para evitar novas ciladas, o COI apertou ainda mais o cerco judicial. Este tem sido o histórico das entidades (COI e Fifa) em relação ao marketing de emboscada: colocar o cadeado só depois da porta arrombada.

Nos Jogos de Pequim, em 2008, quem mais se destacou foi um ex-atleta: o ginasta Li Ning, já famoso entre os chineses por ter conquistado três medalhas de ouro para seu país em eventos anteriores. Por isso, ele foi convidado pelo COI para acender a chama olímpica. Transmitida globalmente, a cena emocionou os chineses. O que passou despercebido aos organizadores foi que Ning tinha sua própria marca de artigos esportivos e a patrocinadora oficial dos Jogos era a Adidas, que pagou quase 200 milhões de dólares por isso. Inacreditavelmente, o slogan da empresa de Li Ning é "*Anything is possible*" (Tudo é possível), muito próximo do da Adidas: "*Impossible is nothing*" (Nada é impossível). No final das contas, Li Ning foi o grande beneficiado. Sua marca cresceu tanto que em dois anos ultrapassou a Adidas em número de lojas no mercado chinês.[2]

NIKE: MEDALHA DE OURO EM EMBOSCADAS

Há décadas a Nike vem tocaiando sucessivamente seus concorrentes em grandes eventos. Já atacou Converse, Reebok e Adidas.

Tudo começou em 1984, quando a Nike perdeu os direitos olímpicos para a Converse. Já que não podia se ligar aos Jogos, a empresa optou por festejar a cidade onde o evento ocorreria, Los Angeles, e veiculou uma série de comerciais celebrando-a. As peças, embaladas pela canção "I Love L.A.", de Randy Newman, mostravam atletas amadores nas ruas da cidade. Apesar de não fazer qualquer menção às Olimpíadas, a associação era evidente. Graças à estratégia, a Nike passou a perna na Converse e conseguiu ser a marca mais lembrada da competição.[3] Talvez tenha sido aí que a companhia pegou o gostinho de tocaiar os oponentes.

Nos Jogos Olímpicos de Atlanta, em 1996, a grife realizou aquela que é considerada a emboscada das emboscadas. A Reebok havia pago 50 milhões de dólares pelos direitos de ser a patrocinadora oficial dos Jogos de Atlanta. A Nike correu por fora e simplesmente "vestiu" a cidade: colou outdoors e painéis em todos os lugares. Inundou as ruas com bandeiras, bandeirolas, faixas e brindes. Além disso, inaugurou uma loja ostensivamente grande ao lado da vila dos atletas.

A Reebok sentiu o baque também dentro do estádio. O velocista americano Michael Johnson se destacou com seus chamativos tênis Nike dourados e, depois de quebrar dois recordes mundiais, foi uma das sensações do evento. Nas inúmeras reportagens, entrevistas e fotos em que apareceu, Johnson fez questão de exibir os calçados. É famosa a capa da revista *Time* em que figura o atleta com o tênis pendurado no ombro.[4]

Outra grande investida da marca ocorreu na Copa de 2010, na África do Sul. Dessa vez, era a Adidas que tinha o patrocínio do evento. Mas a Nike tinha a campanha "Write the future" (Escreva o futuro). Um comercial de dimensões épicas – com Cristiano Ronaldo, Iniesta, Drogba, Ronaldinho e outros craques mundiais – conquistou a internet (o diretor do filme era o mexicano Alejandro Iñárritu, que conquistaria nos anos seguintes os Oscars de melhor diretor com os longas *Birdman* e *O regresso*). Um levantamento da Nielsen comprovou a eficácia da estratégia: a Nike conquistou mais exposição e gerou mais burburinho que a Adidas. O executivo da Nielsen Pete Blackshaw declarou: "Esse estudo mostra que campanhas de marketing inteligentes podem estabelecer uma conexão com o consumidor sem precisar assinar o cheque do patrocínio."[5] Isso mesmo: um dos mais respeitados institutos de pesquisa do mundo legitimando o marketing de emboscada.

Dois anos depois, a Nike tocaiaria novamente a Adidas. Às vésperas dos Jogos Olímpicos de Londres de 2012, a companhia lançou a campanha "Find your Greatness" (Encontre sua grandeza). O comercial mostrava atletas amadores em diversos lugares ao redor do mundo também chamados Londres: uma fábrica em Ohio, uma loja na África do Sul, um bairro na Nigéria, uma rua na Jamaica etc. A locução dizia: "A grandeza não está em um lugar especial nem em uma pessoa especial. A grandeza é para todo mundo que deseja ir atrás dela. Encontre sua grandeza."

O ponto alto da campanha viria em seguida: o filme de um garoto obeso, de uns 14 anos, correndo em uma estrada deserta. O texto:

> Por algum motivo, acreditamos que a grandeza é uma dádiva, que ela pertence apenas a alguns escolhidos. Aos prodígios, aos superstars. E que, ao resto de nós, só resta ficar de lado observando... Esqueça isso. A grandeza não é um gene raro no DNA, não é uma coisa preciosa. A grandeza pertence a nós como o ar que respiramos. Todos somos capazes. Todos nós. Encontre sua grandeza.

Sem fazer qualquer menção aos Jogos, a Nike conseguiu uma forte ligação emocional com o público. E a campanha ainda estava alinhada com os valores olímpicos: determinação, inspiração e respeito. Para a Adidas, foi complicado enfrentar uma mensagem tão simpática e inspiradora – mesmo vinda de alguém tão traiçoeiro. A Nike obteve o maior número de compartilhamentos durante o evento.

OBTENDO O APOIO DO PÚBLICO

A história do marketing de emboscada tem lances que lembram o duelo de Davi contra Golias. Na Copa da África do Sul, em 2010, a companhia aérea patrocinadora oficial era a poderosa Emirates, mas a pequena sul-africana Kulula colocou as asinhas de fora com o slogan: "A companhia aérea não oficial de você sabe o quê". Fifa e Emirates agiram rápido e suspenderam a publicidade. A Kulula, porém, não se intimidou e substituiu a frase por "A não patrocinadora do evento esportivo que não pode ser mencionado". Apesar de tanto atrevimento, não foi penalizada. Pelo contrário: recebeu apoio maciço dos sul-africanos, que já estavam incomodados com tanto rigor da Fifa.

Em todos os países em que promove seus eventos, a Fifa impõe regras rígidas e multas pesadas aos que as infringem. Muitas vezes essas regras se sobrepõem a leis locais, hábitos enraizados e até à soberania do país. A postura costuma gerar muita antipatia. "Somos criticados em todos os lugares por conta desse rigor. Somos vistos como uma entidade que dita regras e que não permite às empresas comuns do país a realização de negócios em torno do nosso evento", admitiu Thierry Weil, diretor de marketing da Fifa, em 2011.[6]

No caso da África do Sul, a atuação da entidade foi contestada até pela ONU: "É uma questão de direitos humanos. A Fifa não pode só pensar em seus patrocinadores, mas deve, acima de tudo, respeitar as pessoas que vivem no país onde o evento é realizado, especialmente se esse país estiver em desenvolvimento", afirmou Mary Robinson, ex-alta comissária para os Direitos Humanos da entidade.[7]

Dois anos depois do episódio Kulula, foi a vez de o site de apostas britânico Paddy Power fazer o mesmo. Nos Jogos de Londres de 2012, a empresa veiculou painéis de rua com a mensagem: "Patrocinadora oficial do maior evento de atletismo do ano em Londres". Totalmente irregular, certo? A não ser por uma frase em letras pequenas logo abaixo: tratava-se de uma "corrida de ovo na colher" promovida em uma vila francesa chamada... Londres. O COI bem que tentou, mas o outdoor permaneceu exposto porque não continha irregularidade. Assim como a Kulula, a Paddy Power recebeu apoio da população indignada com a rigidez dos organizadores.

Um erro comum entre os parceiros oficiais é pensar que basta fechar um contrato para garantir visibilidade. Ledo engano. A marca competirá com dezenas de concorrentes, entre patrocinadores e apoiadores. Sem contar que muitas outras marcas tentarão se associar ao evento, como vimos neste capítulo. Não basta colocar o selinho de "patrocinador oficial do evento x" na publicidade, é preciso *acionar* o patrocínio: promover ações específicas para ser associada ao evento e assim criar uma conexão com o consumidor. Algumas marcas começam a anunciar seis meses antes da competição. Uma pesquisa apontou que, para cada dólar aplicado em patrocínio, pelo menos outro dólar deve ser investido em ativação, antes, durante e após o evento.[8]

Além disso, o público do evento não está nem aí para quem é o parceiro oficial ou não. As pessoas querem se entreter, se divertir, se emocionar. Quem contar a melhor história vence. Como mostra o caso seguinte, ocorrido nos Jogos de Londres de 2012.

A bebida oficial do evento era a Innocent Drinks, mas a rival Gatorade corria por fora com ninguém menos que Usain Bolt. O velocista estrelou um comercial em que tomava o isotônico e se preparava para competir. O texto dizia: "Não estivemos lá em outdoors nos estádios. Não estivemos lá em ônibus de dois andares. Não estivemos nos bótons, presentes ou cachecóis comemorativos. Não estivemos lá oficialmente patrocinando alguma coisa. Nós estivemos lá de verdade. Dentro do corpo de alguns dos maiores atletas do mundo."

Note a ousadia: a Gatorade afirmava estar dentro dos jogos "de verdade", desdenhava das propriedades exclusivas do concorrente (que pagou milhões por isso) e ainda sugeria turbinar a performance dos atletas. Para desespero da Innocent Drinks, Bolt foi uma das sensações dos Jogos, conquistando três medalhas de ouro e tornando-se uma lenda viva.

Na Copa da África do Sul, em 2010, um grupo de 36 jovens lindas e loiras, todas usando um curtíssimo vestido laranja, chamou a atenção durante a partida entre Holanda e Dinamarca. Depois de preciosos minutos de exposição mundial pela TV, a Fifa descobriu tratar-se de uma emboscada da cerveja holandesa Bavaria. No mesmo instante, um comercial de TV com as garotas divulgava a promoção: "A cada oito packs de cerveja, ganhe este vestido laranja." A Fifa foi implacável: multou a intrusa e retirou o grupo das arquibancadas.

Apesar de a ação ter repercutido internacionalmente, a coisa esquentou para a Bavaria,[9] que conseguiu irritar três gigantes ao mesmo tempo: a Budweiser, patrocinadora oficial da Copa; a Heineken, marca da seleção holandesa; e a própria Fifa, que processou civilmente a cervejaria, fazendo as garotas irem parar na cadeia. Inicialmente, a Bavaria negou a participação na ação, mas, diante das evidências, foi obrigada a voltar atrás e se retratar publicamente.

A empresa era reincidente. Em 2006, na Copa da Alemanha, cerca de mil torcedores vestidos de calça laranja tomaram as arquibancadas. Na ocasião, a Fifa também obrigou o grupo a deixar o estádio. Muitos homens terminaram de ver os jogos de... cueca.

Vale a pena esse tipo de exposição pública? Para qualquer marca ética e séria, a resposta é não. Mas para uma cerveja jovem, irreverente e divertida, pode até cair bem – pense, por exemplo, na brasileira Devassa se envolvendo em polêmica semelhante.

AÇÃO ANTIÉTICA OU LEGÍTIMA DEFESA?

Para os patrocinadores oficiais, uma marca intrusa tentar aparecer num evento é, mais que antiético, um crime. Para as entidades que promovem as competições, o marketing de emboscada prejudica quem pagou milhões e põe em risco até a sobrevivência dos eventos.

Por outro lado, empresas que não puderam fechar as cotas de patrocínio dizem ter direito a defesa. Foi o que afirmou Jerry Welsh, diretor de marketing da American Express, que nos Jogos Olímpicos de 1984 perdeu a disputa para a Visa: "Há uma visão de que os concorrentes têm a obrigação moral de dar um passo atrás e permitir que o patrocinador oficial colha todos os benefícios de um evento.

Mas eles [os não oficiais] não apenas têm o direito como a obrigação de aproveitar esses eventos. Toda essa conversa sobre se emboscada é ou não antiética é lixo intelectual, conversa de profissionais de marketing desleixados."[10]

Foi nesse trecho do depoimento que Welsh cunhou o termo *"ambush marketing"*. O argumento é pertinente: as marcas não patrocinadoras devem simplesmente assistir, de braços cruzados, enquanto os patrocinadores fazem a festa, roubam seus clientes e abocanham o *market share*? Muitas vezes, é questão de sobrevivência.

Além disso, Copa e Olimpíadas são eventos públicos. Desorganizam a rotina das cidades, alteram o horário de funcionamento do comércio, mexem com a vida de todos. Sem contar que a própria Fifa convida todas as empresas a participarem da festa, desde que não desrespeitem as regras. Mas, como acabamos de ver, os limites entre o que é proibido ou não nem sempre são claros.

Pessoalmente, acredito que sempre será possível encontrar uma brecha para se associar ao evento sem assinar um cheque nem desrespeitar regras. Isso se chama criatividade, talento e ousadia.

Claro que o marketing de emboscada pode manchar a imagem de uma empresa. E mais: pode render multas caríssimas e processos judiciais intermináveis. Por isso, é preciso ter cuidado redobrado na busca por uma oportunidade desse tipo. Afinal, você não quer ser tocaiado pelos advogados da Fifa, certo?

Vou terminar o capítulo com minha emboscada preferida.

A Amex nunca se conformou em perder os direitos dos Jogos de 1984 para a Visa e a rusga criou uma animosidade recíproca. Sempre que podiam, os cartões cutucavam um ao outro. Mas o confronto atingiu contornos bélicos durante os Jogos de Inverno da Noruega, em 1994. A Visa, cujos cartões eram os únicos aceitos na Vila Olímpica, fez um comercial agressivo, mostrando estabelecimentos fechando as portas para os usuários dos cartões da concorrente. A narração dizia o seguinte: "As Olimpíadas não aceitam American Express." Mais direto, impossível.

Mas o contra-ataque foi algo próximo do sublime. A Amex respondeu com a campanha "*You don't need a visa to travel to Norway*" (Você não precisa de visto para ir à Noruega), aproveitando que "visa" em inglês significa "visto". A Visa ficou tão enfurecida que apelou ao COI, à Justiça, ao papa, mas não conseguiu condenar a concorrente. Afinal, a Amex apenas divulgava um fato: os americanos não precisam de visto para ir à Noruega. Restou ao COI *implorar* para os adversários cessarem o duelo.[11]

Considero essa rixa o mais espetacular caso de marketing de emboscada da história.

Então, lembre-se: seja você o patrocinador oficial ou não, fique de olhos bem abertos para identificar qualquer chance de promover seu negócio durante os grandes eventos. Como fez o velocista Linford Christie, que nos Jogos de Atlanta, em 1996, roubou a cena ao dar entrevistas usando lentes de contato com o logo da marca Puma. A patrocinadora oficial da competição era a Reebok.

OPORTUNIDADES DISFARÇADAS
NAS GUERRAS

Os soldados da Guerra Civil Espanhola levavam nas bolsas pequenos pedaços de chocolate revestidos com uma firme crosta de açúcar para não derreterem.

Após conhecer a novidade na Europa, o empresário Forrest Mars lançou nos Estados Unidos um produto semelhante, mas em cores chamativas.

Sim, o M&M's veio dos campos de batalha.[1] Deve ser por isso que as crianças brigam tanto por eles.

Nos Jogos Paralímpicos do Rio de Janeiro, em 2016, uma campanha publicitária da Channel 4, emissora de TV inglesa, elevou os atletas à condição de "Superhumans". É surpreendente que o evento que mais celebra as pessoas com deficiência tenha surgido graças ao acontecimento que mais produziu... pessoas com deficiência.

Após a Segunda Guerra Mundial, a Europa se deparou com a dura realidade dos soldados feridos. Homens lesionados, amputados, paraplégicos, tetraplégicos e doentes. Em teoria, heróis de guerra; na prática, gente traumatizada, deprimida, revoltada, sentindo-se inválida.

No hospital Stoke Mandeville, na Grã-Bretanha, o neurocirurgião Ludwig Guttmann fez uma importante constatação: quando os feridos se movimentavam, fosse para arremessar dardos ou mesmo jogar baralho, apresentavam melhora no quadro geral. Baseado nisso, o médico improvisou nas dependências do hospital alguns jogos de arco e flecha e basquete. O resultado foi tão animador que o encorajou a pensar grande. A edição seguinte dos Jogos Olímpicos ocorreria em 1948, em Londres. No mesmo dia da abertura, Guttmann anunciou a primeira competição para pessoas com deficiência da história.

Apesar de contar com apenas 16 atletas, o evento obteve ampla cobertura da mídia. Quatro anos depois, o número saltou para 130 e incluiu participantes da Holanda. Em 1960, nos Jogos de Roma, a competição passou a se chamar oficialmente Jogos Paralímpicos.[2] A disputa é, sem dúvida, um legado benéfico da guerra.

Dirá você: "Grande coisa, apenas remediou um estrago que a própria guerra causou." E é verdade que no início foi isso mesmo. Contudo, com o tempo os jogos passaram a beneficiar outros tipos de deficiente, como vítimas de acidentes de carro, de armas de fogo, de paralisia infantil, de doenças congênitas etc. A edição dos Jogos de 2016 reuniu cerca de 4 mil atletas de 159 países. É de supor que uma parcela ínfima deles tenha vindo de conflitos bélicos.

Sem contar que as emocionantes performances transmitidas pela TV têm impacto positivo em milhões de deficientes por todo o mundo. Já foi comprovado que o esporte é a melhor maneira de reabilitar e ressocializar cadeirantes. Ao superar suas limitações nas quadras, o indivíduo se sente confiante em retomar a vida, trabalhar, formar uma família e voltar a integrar a sociedade.

Pude testemunhar na prática como isso funciona, pois durante 15 anos contribuí para o marketing e a divulgação da Associação Desportiva para Deficientes, uma das principais instituições do tipo no Brasil. E, pelo que acompanhei de perto, posso dizer que esse tipo de reintegração funciona mesmo.

Vamos falar agora de outra consequência positiva (e esta é também divertida) da guerra. Em 1950, o cartunista Morton Walker trabalhava para a King Features, principal distribuidora de quadrinhos dos Estados Unidos. Ele assinava a série *Spider*, sobre as aventuras de um estudante e sua turma em uma faculdade americana.

Foi quando estourou a Guerra da Coreia. De uma hora para outra, todo mundo só falava em alistamento militar. Atento ao que acontecia ao redor, Mort resolveu enviar seu personagem para o conflito também. Pesou em sua decisão o fato de ele próprio ter tido experiência nos campos de batalha: lutou na Segunda Guerra Mundial, como soldado de infantaria e artilharia.

O ex-atirador acertou em cheio na mudança: o Recruta Zero (originalmente, renomeado de Spider para Beetle Bailey) estourou em popularidade, tornando famosos o Sargento Tainha, o General Dureza, a Dona Tetê, o Dentinho, o Tenente Escovinha e outros personagens.

Esse deve ser o único caso em que a guerra *salvou* a vida de alguém. A King Features planejava matar o Spider, já que a série não estava mais agradando, e o timing do desenhista foi perfeito. "Se você tivesse trazido uma série militar da primeira vez, nós não a teríamos comprado!", contou um diretor da empresa.[3] Mort se tornou um dos cartunistas mais lidos do planeta, chegando a 1.800 jornais, quando eram apenas 25 antes do conflito. O sucesso só foi possível graças ao seu período na guerra: "Foram quatro anos de pesquisa grátis", afirmou.

Outro êxito a partir de uma guerra é o da Coreia do Sul. O país é sempre apontado como um modelo a ser seguido pelo Brasil, mas os sul-coreanos só experimentaram sua formidável prosperidade econômica após um longo período de ocupação, violência e guerra. Entre 1910 e 1945, a Coreia permaneceu sob o domínio tirânico do Japão. Quando finalmente se libertou, dividiu-se em duas: Coreia do Norte, apoiada pela União Soviética, e Coreia do Sul, apoiada pelos Estados Unidos. Em 1950, os dois lados se enfrentaram na sangrenta Guerra da Coreia, que resultou em 4 milhões de mortes (13% da população total).

Depois de tudo isso, nem é preciso dizer que a Coreia do Sul estava destruída, completamente na miséria. Sem indústria, empregos ou recursos naturais, o produto interno bruto do país estava abaixo do de países africanos. Mas restava algo muito valioso: a determinação do povo em reconstruir a nação.

Com o suporte dos americanos, o país seguiu uma receita engenhosa para sair da crise, baseada em três pontos principais:

1. Investimento maciço em educação básica
2. Produção de bens voltados para o mercado externo, já que praticamente não havia mercado interno
3. Parceria entre indústria e universidade: enquanto as empresas contribuíam financeiramente para o ensino superior, as insti-

tuições retribuíam cedendo profissionais especializados, pesquisas avançadas e inovações; uma relação de ganha-ganha

A pequenina nação do tamanho de Pernambuco saltou da mais absoluta pobreza para referência em tecnologia e inovação no mundo. Samsung, LG, Hyundai e Kia são algumas das marcas sul-coreanas que brigam de igual para igual com Apple, Sony, Toyota e Volkswagen no mercado global.[4]

O pulo do gato para a transformação do país em um dos tigres asiáticos foram a união, a coragem e a determinação. "O contraste entre a apreensão anterior (...) e a sensação de segurança posterior promove uma autoconfiança que é o pai e a mãe da coragem", explicou o psiquiatra canadense J. T. MacCurdy, especialista em efeitos psicológicos da guerra.[5] Uma contribuição adicional dos grandes conflitos é o desenvolvimento de uma consciência coletiva de valorização dos bens que restaram. Em momentos de escassez, os povos aprendem a gerir melhor os recursos. Alemanha, Itália e Japão também saíram dizimados da guerra e experimentaram milagres econômicos no período seguinte, graças à combinação de ajuda externa, esforço do povo e valorização dos recursos escassos.

Aliás, alguns intelectuais já apontaram a falta de grandes embates e convulsões sociais na história do Brasil: "Não temos grandes ações coletivas na história nacional. A independência foi uma farsa. Poucas coisas custaram de fato esforço ou paixão conjuntos. Isso tem um preço: não temos a sensação de pertencer a uma comunidade de destino, de estar no mesmo barco", afirmou o psicanalista Contardo Calligaris.[6] É claro que todos nós desejamos que o país consiga vencer suas mazelas sem precisar enfrentar turbulências do tipo. Mas será possível? "Pergunto-me se o Brasil conseguirá virar o jogo sem passar por alguma revolução, como foram a americana e a francesa. Espero que façamos dentro da democracia. Mas a tolerância da sociedade está chegando ao limite", pontua o economista Eduardo Giannetti.[7]

Tomara que Walter Scheidel, historiador de Stanford, esteja completamente errado quando diz que um país só realiza mudanças significativas após viver "grandes choques trazidos por guerras, revoluções e epidemias". Em sua obra *The Great Leveler* (O grande nivelador), Scheidel afirma ainda que "somente os choques ultraviolentos e socialmente invasivos, que levam a sociedade a um nível de destruição próximo de zero", são capazes de reduzir problemas graves como a desigualdade social.[8]

Precisamos descobrir uma forma de repetir a trajetória da Coreia do Sul sem recorrer a "guerras, revoluções e epidemias". Porque elas sempre significam massacre, sofrimento e destruição. Mas é desconcertante constatar que mesmo a pior ação do homem, a guerra, é capaz de deixar algum efeito colateral benéfico. União do povo, determinação para reconstruir um país, uso mais consciente dos recursos naturais e redução da desigualdade social. Além de invenções, inovações e produtos importantes, como os veículos Jeep e Vespa, o Pilates, os alimentos em conserva, o leite condensado, radares, computadores, a internet e até mesmo a chegada do homem à Lua.

EM DEFESA DA GUERRA?

É possível que alguém nos dias de hoje, em sã consciência, ainda defenda a necessidade das guerras? Depois de tantos confrontos que resultaram em milhões de mortes, horror e destruição? Após tantas batalhas que se revelaram infrutíferas ou equivocadas?

Nigel Biggar, professor de Oxford, é um dos pensadores atuais que defendem a utilidade e atualidade dos conflitos armados. Em seu livro *In Defence of War* (Em defesa da guerra), ele afirma que "se a guerra causa males terríveis, a paz muitas vezes permite que eles aconteçam", referindo-se às situações em que sabemos que graves injustiças estão sendo cometidas contra comunidades indefesas sem que nada façamos a respeito. Pense em um ditador que subjuga, tortura e massacra o próprio povo enquanto o restante do mundo, em nome de uma "pretensa e idílica paz", permanece indiferente. Nesse caso, sustenta Biggar, estamos todos sendo coniventes com os crimes cometidos.[9]

O filósofo inglês John Stuart Mill pensava da mesma maneira: "A guerra é uma coisa feia, mas não a mais feia das coisas. O decadente e degradado estado do sentimento moral (...) que acha que a guerra nunca vale a pena é muito pior."[10] Os pacifistas condenam qualquer tipo de conflito, independentemente de suas razões e objetivos. Sustentam que o diálogo, a negociação e a diplomacia são capazes de resolver qualquer impasse. Mahatma Gandhi, Martin Luther King e Nelson Mandela são expoentes do movimento. Mas serão os métodos pacifistas sempre eficientes?

A história mostra que mesmo a diplomacia tem seus limites. Veja o caso do primeiro-ministro inglês Neville Chamberlain, que em 1938 assinou um tratado de paz com Adolf Hitler para pôr fim à ameaça de conflito. O acordo foi comemorado e festejado pelos quatro cantos, mas no ano seguinte o líder nazista invadiu a Polônia e a conflagração começou. Humilhado publicamente, Chamberlain precisou ceder sua cadeira para Winston Churchill.[11]

O pacifismo segue o pensamento de Jean-Jacques Rousseau de que "o ser humano é essencialmente bom e só comete ações más quando é vítima de injustiças". Mas Biggar (e eu concordo com ele) considera a visão de Santo Agostinho mais próxima da realidade: "Somos criaturas racionais, mas também somos – e prioritariamente – criaturas movidas por paixão e desejo. Quando desejamos algo que vai além dos controles da razão, perdemos a capacidade de respeitar a justiça e o direito dos outros. Determinar quando alguém está passando dos limites razoáveis é difícil de dizer. Enquanto decidimos isso, muitas pessoas podem estar sofrendo nas mãos de déspotas."[12]

O pai da psicanálise, Sigmund Freud, vai ainda mais longe. Segundo ele, o problema não são apenas os "déspotas", mas o próprio ser humano, que traria no DNA a agressividade inata e a pulsão para a destruição. Em troca de cartas com o físico Albert Einstein, em 1932, Freud escreve: "O senhor se surpreende que seja tão fácil inflamar os homens para a guerra e presume que neles exista efetivamente algo, uma pulsão para o ódio e para a destruição (...) Só posso concordar sem reservas com o senhor."[13]

É evidente que devemos nos empenhar ao máximo para evitar os conflitos armados, mas o limite da diplomacia é justamente a natureza complexa do ser humano. As guerras têm acompanhado a humanidade há pelo menos 5 mil anos e é difícil acreditar que vão deixar de existir um dia. "Enquanto os seres humanos continuarem a ser animais políticos, famintos por terras e outros recursos, haverá disputas sobre que grupo vive onde e que grupo diz a outro o que fazer", escreveu outro pesquisador de Oxford, Ben Dupré.[14]

◆ ◆ ◆

Um leitor cético poderia pensar: "Para teóricos, no conforto de suas salas, é fácil defender a luta armada. Alguém que tenha presenciado o horror nos campos de batalha certamente pensará muito diferente." Será mesmo?

O soldado espanhol Miguel passou boa parte de sua vida em combates, mas só colecionou derrotas, frustrações e ferimentos. Perdeu uma das mãos em batalha, foi capturado e mantido prisioneiro. Finalmente libertado e de volta à Espanha, foi solenemente ignorado pelas autoridades. Não teve qualquer reconhecimento.

É de imaginar que um homem com esse histórico fosse totalmente contrário à guerra. Mas não foi o caso de Miguel: ele continuou sustentando que o trabalho do soldado é "nobre e valoroso" e que apenas "as armas podem defender as repúblicas e (...) guardar as cidades".[15]

O ex-soldado em questão é Miguel de Cervantes. Ele lutou na Batalha de Lepanto (um golfo da Grécia), da qual saiu derrotado e ferido. Quando retornava para casa, foi capturado e mantido prisioneiro por longos cinco anos na Argélia. Depois desse pesadelo, foi completamente desprezado pelas autoridades militares espanholas.[16]

Apesar disso tudo, Cervantes faz uma defesa apaixonada do combate armado em *Dom Quixote*. Em um dos trechos mais famosos, "A superioridade das armas sobre as letras", o personagem-título afirma que, enquanto as letras podem estabelecer as leis e preservá-las, somente as armas podem garantir a paz, que é "o maior bem que os homens podem desejar na vida".[17] O biógrafo William Egginton confirma que "a inspirada defesa que o cavaleiro [Quixote] faz da guerra é a expressão da própria convicção de Cervantes de que o maior valor que existe é arriscar a própria vida por uma grande causa".[18]

Mais revelador ainda é saber que o livro "foi engendrado no cárcere", como afirma o próprio Cervantes no prólogo. Ou seja: a obra foi iniciada na cadeia e finalizada anos após a libertação do autor. Durante todo esse tempo, ele continuou a valorizar a ideia da guerra. Considerado o primeiro romance moderno, *Dom Quixote* é um dos maiores clássicos literários de todos os tempos. "Representa até hoje a mais grandiosa e perfeita expressão da mente humana", definiu o escritor russo Fiódor Dostoiévski.[19]

Se você acha surpreendente alguém conceber uma obra-prima na cadeia, veja o próximo caso, em que uma tese de filosofia inteira foi desenvolvida em pleno campo de concentração de Auschwitz.

Em 1938, o médico austríaco Viktor Frankl trabalhava em um importante estudo científico quando seu país foi invadido por Hitler e anexado à Alemanha. Pouco tempo depois, os judeus foram enviados para os campos de concentração. Viktor e sua família foram parar no pior deles, Auschwitz.

Ao chegar ao local, o médico estava tão imerso em sua tese que, ingenuamente, tentou entrar com o manuscrito debaixo do braço. Claro que teve que se desfazer de tudo, inclusive de roupas, documentos e até dos cabelos. E isso foi apenas o início. Em seguida, Viktor teve a experiência traumática de acompanhar as mortes da esposa, dos pais e dos irmãos. Nos quatro anos em que permaneceu confinado, precisou realizar trabalhos pesados, muitas vezes alimentando-se de apenas duas batatas por dia. No inverno, ele dividia um cobertor com oito pessoas, todos dormindo sobre uma mistura de palha, fezes e urina.

Curiosamente, o que manteve o médico estimulado esse tempo todo foi seu estudo científico: "Passei a reconstruir com rabiscos estenográficos em minúsculos pedaços de papel aquele manuscrito que tive que jogar fora antes da desinfecção em Auschwitz." Viktor aproveitou ainda seu duro dia a dia para desenvolver a tese sobre por que algumas pessoas superam o sofrimento e outras não. Observando os companheiros, ele constatou: "Num ambiente de escassez e maus-tratos, alguns são solidários, enquanto em outros sobressaem o egoísmo e a luta pela sobrevivência."[20]

Mas sua principal constatação foi a seguinte: quem tinha uma razão para viver fora do campo – uma ligação amorosa, uma fé religiosa ou outro tipo de laço forte – suportava melhor as provações. Quem não tinha um projeto importante desistia mais facilmente. Muitos dos prisioneiros se jogavam contra a cerca eletrificada ou se insurgiam contra os guardas para serem executados.

Viktor continuou sua pesquisa até ser libertado, em 1944. Dois anos depois, publicava *Em busca de sentido*. O livro se tornou best-seller mundial e o consagrou como um importante pensador e filósofo. Baseado em seu estudo, ele criou a Logoterapia, uma nova técnica de tratamento psiquiátrico que chegou a rivalizar em popularidade com a psicanálise de Freud.

Saber que pessoas vivendo situações extremas e em condições subumanas conseguiram dar origem a uma competição (Paralimpíadas), uma obra-prima (*Dom Quixote*) e até uma filosofia de vida transformadora (Logoterapia) deveria servir de estímulo e inspiração para todos nós enfrentarmos nossas próprias adversidades.

Para Viktor, por piores que sejam as limitações e o ambiente de restrições em que vivemos, nunca deixamos de ser livres. "Se não pudermos mudar a situação, resta-nos ainda a liberdade de mudar nossa atitude frente a essa situação. Você não é produto das circunstâncias. Você é produto das suas decisões", afirmou o ex-prisioneiro número 119.104 de Auschwitz.[21]

OPORTUNIDADES DISFARÇADAS NAS LIMITAÇÕES

Em 1970, a nave espacial Apollo 13 sofreu uma grave pane a 330 quilômetros da Terra e ficou impedida de retornar ou prosseguir na missão. Com o oxigênio se esgotando, a tripulação estava condenada à morte. A única saída era os tripulantes construírem um filtro de ar usando fita adesiva, papelão e alguns sacos plásticos.[1]

Como sabemos, eles conseguiram retornar sãos e salvos. Pense nisso da próxima vez que enfrentar uma grave restrição: a questão não são as limitações, mas o melhor que você pode fazer dentro delas.

Q UE STEVE JOBS TEVE A IDEIA DE CRIAR o mouse Apple após visitar o Xerox Parc em Palo Alto, todo mundo sabe. O que pouca gente conhece é o briefing bizarro que Jobs passou para o fornecedor desenvolver o dispositivo.

"É o seguinte: o mouse da Xerox custa 300 dólares, o nosso não pode passar de 15. O mouse da Xerox quebra em 15 dias, o nosso tem que durar uns dois anos. O mouse da Xerox é sensível, eu quero que o nosso possa ser usado em fórmica ou sobre o jeans da minha calça."

Dean Hovey saiu da reunião desnorteado. "Eu nem sabia o que era um mouse", confessou depois. Chegando à oficina, Hovey pediu para sua equipe adquirir qualquer coisa que pudesse, talvez, ajudar na tarefa: frascos roll-on para desodorante, *trackball* de videogame, rodas de trenzinhos de brinquedo, fios de guitarra, uma tampa de jarra de conserva etc. "Esse foi o começo do mouse", lembra o engenheiro.[2]

Apesar dos materiais rudimentares, a equipe conseguiu elaborar um protótipo, e pouco depois a Apple lançava o mouse que revolucionaria a interação entre homem e máquina. E a pequena oficina de Hovey também saiu ganhando: tornou-se a gigante Ideo, centro de design e inovação.

Dirá você: "Mas isso aconteceu décadas atrás. Hoje em dia, com tantos avanços tecnológicos, seria impossível inovar com materiais improvisados." Será mesmo?

Em 2007, o mexicano Jordi Muñoz vivia uma situação inusitada nos Estados Unidos. Enquanto aguardava que seu processo de imigração fosse concluído, estava impedido de estudar e trabalhar. Sem ter o que fazer, passava os dias andando nas ruas e nos parques da cidade em que morava, Riverside. Em um desses passeios, ele percebeu que pilotar aeromodelos parecia impossível para as pessoas comuns. Mesmo manobras simples como decolar, manter altitude e pousar exigiam muito esforço dos iniciantes.

Muñoz, então com 20 anos, já havia estudado eletrônica e resolveu entrar no assunto. Comprou uma miniatura de helicóptero de segunda mão e a desmontou. Após analisar cuidadosamente o modelo, descobriu o que causava a dificuldade: a existência de quatro motores. De fato, era bem complicado controlar quatro motores, equilibrar a aeronave e ainda guiá-la no céu.

Pensando numa forma de simplificar a operação, o mexicano abriu o controle remoto de seu Nintendo Wii e removeu os sensores. Em seguida, conectou-os a um microcontrolador que comprou por 18 dólares. Faltava apenas um programa que estabilizasse a navegação do helicóptero. Sem dinheiro para contratar um programador, ele próprio aproveitou as horas vagas para tentar desenvolvê-lo.

E não é que ele conseguiu fazer a geringonça funcionar? Muñoz gravou alguns vídeos demonstrativos e publicou-os na página do DIYdrones.com, uma comunidade amadora de veículos aéreos não tripulados.

Uma das pessoas que se encantaram com a novidade foi Chris Anderson, editor da revista de tecnologia *Wired*. Inicialmente, ele enviou um cheque de 500 dólares para o inventor, sem nenhuma contrapartida. Só um pedido: "Quero que continue desenvolvendo a ideia e, claro, me mantenha informado."

O mexicano tinha acabado de criar o drone, equipamento que transfere para o software toda a complicação mecânica da pilotagem. "Eu nem conhecia a palavra", disse Muñoz. Mas o editor da *Wired* conhecia, e muito bem. Atualmente, os dois são sócios-proprietários da 3D Robotics, a maior fabricante de drones dos Estados Unidos. Entre seus clientes consta até a Nasa.[3]

A história mostra que grandes invenções, em qualquer época, foram viabilizadas inicialmente com objetos do cotidiano, soluções caseiras e tecnologias disponíveis. É claro que, após o protótipo inicial, é fundamental a participação de empresas especializadas, para cuidar do desenvolvimento técnico, do desenho industrial, do estudo de materiais, da produção de *mockups*, dos testes, da viabilidade financeira etc. Mas os insights podem vir de qualquer um, até de um desocupado: "Por que fiz isso? Eu não tinha o que fazer", disse Muñoz. E a boa notícia é que nunca houve tanta gente disposta a apoiar produtos e serviços inovadores, tais como aceleradoras, incubadoras, investidores anjo, diversas opções de *crowdfunding*.

Outro exemplo de produto de sucesso gerado nas limitações é o jogo *Super Mario Bros*. É de imaginar que tudo no famoso personagem tenha sido concebido com base em pesquisas e planejamento rigoroso, certo? Ledo engano: da aparência à profissão, o *Super Mario* é resultado de restrições.

Aconteceu assim: no início dos anos 1980, os designers japoneses Shigeru Miyamoto e Takashi Tezuka tentavam desenvolver o primeiro jogo de rolagem lateral da história. Mas a tecnologia era muito limitada na época. Na hora de definir o personagem, os designers tiveram que se virar com o que tinham à mão. Como não havia pixels suficientes para detalhar lábios e dentes, optaram pelo bigodão. Como não existia resolução para desenhar cabelos, puseram o boné. A roupa foi decidida pela simplicidade: macacão não tem muitos detalhes. O azul e o vermelho, cores características do jogo, eram as únicas que o programa permitia. Com o desenho pronto, Miyamoto perguntou "O que ele parece?" Tezuka respondeu: "Para mim, um encanador." E assim ficou.[4]

Depois de mais de 40 milhões de jogos vendidos, de definir a identidade da gigante Nintendo, de influenciar toda a indústria de games e de se transformar em ícone pop, convém perguntar: se houvesse mais recursos, será que o *Super Mario* teria ficado melhor?

FALTAM RECURSOS, SOBRA IMAGINAÇÃO

A França é famosa pela exuberância e variedade de chapéus femininos. Mas o interessante é que essa qualidade foi exacerbada pelas graves restrições que o país sofreu durante a Segunda Guerra Mundial. A ocupação alemã impôs um severo racionamento para a indústria da moda: sapatos, bolsas, acessórios de couro e itens como tecidos, linhas e botões. O único item do look feminino que escapou do controle nazista foi o chapéu.

Acostumadas à criatividade e ao glamour dos grandes estilistas, as francesas aproveitaram a brecha para soltar a imaginação e a ousadia. Para compensar a falta de materiais, foram utilizados feltro, flores, véus, sobras de tecidos e até sucata. Em meio à ocupação, os chapéus assumiram outras finalidades: disfarçar looks precários, aliviar as misérias do momento, esconder cabelos malcuidados e até ser uma maneira de resistir – e desafiar – às tropas de Hitler. Com o fim do conflito, em 1945, os arrojados estilos de chapéus e turbantes franceses se espalharam pelo mundo, inserindo-se na moda internacional.[5]

Os artistas são craques em vencer limitações usando a criatividade. Veja o caso de Andy Warhol. No início dos anos 1960, o artista pretendia transformar um galpão abandonado em Nova York em estúdio descolado, mas faltava o principal: dinheiro. Warhol até já desfrutava de alguma fama, mas andava tão duro que vivia à base de sopas Campbell (não é piada).

Felizmente, o que faltava em recursos sobrava em imaginação. Seu assistente Billy Linich sugeriu pintar o galpão inteiro, do chão ao teto, com tinta prata. "Para esconder as rachaduras das paredes e imperfeições do teto", explicou. E para disfarçar o péssimo estado das maçanetas, dos canos aparentes e do vaso sanitário, a saída foi revestir tudo com papel-alumínio. Quanto aos móveis, Warhol e seu assistente saíram recolhendo cadeiras, armários e mesas que os moradores de Manhattan jogavam fora. Linich também pintou esses itens com spray prateado: "Mesmo os objetos mais velhos brilham de novo quando pintados assim."[6] Entre os móveis recolhidos nas ruas, havia o sofá vermelho que se tornaria lendário.

O inovador estúdio The Factory se destacou na cena artística de Nova York nos anos 1960. O design, os encontros e as festas que aconteciam ali atraíram celebridades e músicos como Bob Dylan, Paul Morrissey e Lou Reed. O local improvisado se tornou referência mundial de moda e comportamento.

Agora a história de um artista que venceu a falta de... inspiração. Até o início dos anos 1930, o holandês Maurits ganhava a vida pintando paisagens de regiões deslumbrantes do sul da Itália: Capri, Positano, Palermo, Amalfi e Ravello. Porém, subitamente Maurits precisou deixar o país, fugindo da tirania do ditador Benito Mussolini. Ele mudou-se com a família para a Suíça, mas a paisagem gélida afetou sua inspiração. Em vez das praias ensolaradas de antes, montanhas cobertas de neve. Em vez de céu colorido e paisagens românticas, céu cinzento e paisagem melancólica.

O pintor começou a entrar em depressão. Revoltado, passou a contestar tudo: a profissão, o propósito da vida, as regras estabelecidas, até a lei da gravidade: "Que escravos patéticos nos tornamos do poder dominante da gravidade sobre tudo na Terra! Sempre aquele ângulo reto entre a horizontal e a vertical! Quase tudo que construímos e montamos, casas, quartos, armários, mesas, cadeiras, camas, livros, em princípio são caixas com ângulos retos. Eles são realmente terríveis, entediantes e irritantes. Aquelas paredes de nossos quartos, sempre com os mesmos ângulos de 90 graus. Nosso único consolo é que não podemos evitar. Não é nossa culpa. Devemos, gostemos ou não, obedecer à gravidade, nosso tirano."[7]

Depois de um tempo sem inspiração para produzir, o holandês não aguentou: "Há um nó esperando em minha alma. De vez em quando eu o ouço gritar: 'Eu quero sair! Eu quero sair!'" Pressionado, iniciou uma solitária viagem interior. Sem nada de interessante para ver fora, ele se voltou para dentro. E passou a se questionar: como seria o mundo sem a gravidade e o ângulo reto? Como seria a realidade sem as regras formais da perspectiva? Foi colocando no papel o que chamava de "visões interiores": arquiteturas impossíveis, animais inexistentes, objetos do cotidiano reinventados.

Foi dessa forma que surgiu um dos maiores artistas gráficos da história: M. C. Escher. Suas litografias e xilogravuras estão entre as imagens mais memoráveis do século 20. Escher teve impacto extraordinário no mundo artístico, influenciando artistas, designers, cineastas e músicos, como Stanley Kubrick e os Rolling Stones.

O "criador do impossível", como ficou conhecido, admitiu mais tarde que a arquitetura e a paisagem de suas sucessivas casas na Suíça, Bélgica e Holanda eram "tão chatas" que o levaram a reinventar o comum. Para Escher, as únicas regras que deveriam ser aceitas eram "as regras dos contos de fadas".[8]

Outro artista holandês que também deu o seu melhor dentro das limitações foi Vincent van Gogh. O pintor sempre contou com o apoio financeiro do irmão mais novo, Theo. Porém, em determinado momento, Theo descobriu que Vincent estava gastando muito em bebida e suspendeu a mesada. O pintor ainda choramingou: "Por favor, Theo, não faça isso. Preciso de material para trabalhar. Só tenho tinta amarela." O irmão não recuou em sua decisão.[9]

Você já reparou que as obras mais famosas de Van Gogh exploram justamente o amarelo? *Os girassóis, Quarto em Arles, A casa amarela* e diversas paisagens de semeadores, campos de trigo e ceifeiros sob o sol intenso. O holandês usou tanto o amarelo que ficou eternamente associado à cor: "Se não fosse Van Gogh, o que seria do amarelo?", escreveu Mario Quintana.

"Mas Van Gogh era um gênio maluco", argumentará você. Ok, então vamos falar de alguém que é referência em saúde mental: Sigmund Freud.

Quando Freud começou a atender, os únicos tratamentos disponíveis para pacientes neuróticos eram eletroterapia, hipnose, massagens e banhos frios. Ele logo percebeu que a eletroterapia era ineficaz. Quanto à hipnose, até dava resultados, mas não era possível aplicá-la em todos os pacientes. Alguns não entravam em transe profundo e outros simplesmente não podiam ser hipnotizados (pesquisas apontam que apenas 10% da população é suscetível à hipnose).

Comentando o problema com o colega Josef Breuer, Freud ouviu: "Estou tratando uma paciente, Anna O., somente através do diálogo. Ela sofre de histeria, mas estou obtendo avanços ao acessar suas lembranças inconscientes", pontuou Breuer. Freud ficou tão empolgado com a notícia que decidiu investigar a novidade por conta própria. Passou a utilizar cada vez menos a hipnose e a ouvir cada vez mais os pacientes. Perguntava sobre os sintomas, sensações e lembranças associadas ao distúrbio, num processo chamado de "livre associação". Para deixar a pessoa ainda mais à vontade, Freud colocou um sofá confortável em seu consultório. O paciente deitava e falava sem censura o que lhe viesse à cabeça. Sentado fora da área de visão do paciente, o analista anotava tudo.

As experiências foram tão promissoras que os dois médicos publicaram um livro que viria a ser considerado a obra inaugural da psicanálise: *Estudos sobre a histeria*, de 1895.[10] Ao explorar o inconsciente, o trabalho influenciou o surgimento de diversas técnicas e modalidades de tratamento do sofrimento psíquico.

VENCENDO LIMITAÇÕES NO BRASIL

Em 1980, o então presidente da Lacta, Magim Rodrigues, foi às Lojas Americanas se queixar das vendas fracas dos ovos de Páscoa:

– É um absurdo! Com seu tamanho, vocês deveriam vender cinco vezes mais ovos!

O diretor das Americanas se defendeu:

– Impossível! Não há espaço na prateleira para tudo isso.

Magim foi embora espumando de raiva. Horas depois, ele ligou com a solução: pendurar os ovos numa estrutura montada acima dos corredores. Posteriormente, os famosos "corredores de ovos de Páscoa" seriam adotados por todos os supermercados do país. Em tempo: a solução fora da caixa (ou da prateleira) fez a Lacta vender cinco vezes mais chocolates do que no ano anterior.[11]

Quando comandava minha agência de publicidade, era comum ouvir da equipe: "Com este prazo, não dá. Com esta verba, não dá. Com este briefing, não dá." Eu sempre respondia a mesma coisa: a questão não são as limitações, mas o melhor que você pode fazer *dentro* das limitações.

Esse pensamento pode fazer toda a diferença não apenas no mundo dos negócios, mas também na vida cotidiana. Especialmente no Brasil, um país com tanta carência de serviços essenciais e infraestrutura adequada. Veja o exemplo de Celso Athayde. Ele nasceu e cresceu nas favelas do Rio de Janeiro, conheceu a miséria, a violência e conviveu até com os chefes do tráfico.

Apesar disso tudo, tornou-se um dos maiores empreendedores sociais do país. Athayde fundou a Favela Holding, conglomerado de 25 companhias que emprega cerca de 2 mil pessoas. A empresa é voltada para o público das favelas, mercado de 15 milhões de pessoas que movimentam 80 bilhões de reais anuais (o equivalente às economias da Bolívia e do Paraguai juntas). "Não são comunidades carentes; são comunidades potentes", ressalta Athayde.[12]

Entre as empresas da holding estão um serviço de entregas, uma agência de publicidade, um instituto de pesquisas e uma agência de viagens, só para citar algumas. Pelo impacto de seu trabalho nas regiões mais carentes, Athayde obteve reconhecimento nacional e internacional. Discursou na ONU, em Harvard e foi eleito Empreendedor Social do Ano pela revista *IstoÉ Dinheiro* em 2017.

Como alguém tão marginalizado (ele foi morador de rua), com pouco acesso à educação e próximo do crime (conheceu o chefão do Comando Vermelho) conseguiu se tornar um realizador tão visionário? Pela educação que recebeu da mãe: "Nunca acreditei que eu conseguiria fazer coisas nobres. Nunca pensei que a sorte pudesse olhar para mim. Aos poucos, fui percebendo que eu não tinha talento para nada. Então passei a tentar compensar com uma carga horária maior. Minha mãe sempre lutou muito para sobreviver, e esse foi o maior legado que ela me deixou: o amor pelo trabalho."[13]

Graças às palavras da mãe ("Quando tudo estiver difícil, não pare!"), Athayde venceu as limitações, as dificuldades e o destino sombrio. Essa mensagem é importante para todos nós brasileiros. Sabemos que a transformação deste país se dará através da educação. E há décadas esperamos, em vão, que o Estado avance na área. Nesse cenário, é alentador saber que parte dessa educação está ao nosso alcance: dentro de casa, nos valores que passamos aos nossos filhos. A conquista pelo trabalho. O gosto do esforço. O compromisso em se desenvolver.

Quanto ao governo, é inexplicável tanta morosidade e ineficiência quando já demos provas de nossa capacidade e competência – como aconteceu no episódio da crise do apagão, em 2001.

A combinação de baixo volume de água nos reservatórios e falta crônica de geradores deixou o Brasil na iminência de uma crise sem precedentes. Sem energia elétrica, hospitais, clínicas e bancos de sangue ficariam sem refrigeração, refinarias de petróleo corriam o risco de interromper a produção. Sem combustíveis, o transporte de alimentos seria suspenso. Em questão de dias, a população não teria o que comer. E isso era só o começo. O drama poderia durar dias, semanas, meses ou mais, até que… chovesse novamente.

Para evitar a calamidade, o governo teve a grande ideia de convocar um especialista em gestão, Vicente Falconi. Quando expuseram o quadro sombrio, o consultor mineiro não se abalou: "Uai, estamos diante de um problema e temos de resolvê-lo da melhor maneira que pudermos." Falconi e sua equipe fizeram levantamentos e concluíram que, para evitar o apagão, seria preciso reduzir 20% do consumo de energia no país. Se a meta era alta, pior era o prazo: imediatamente.

A meta geral foi desdobrada em metas menores para cada segmento: indústria, comércio, hospitais, escolas, residências etc. Quem atingisse a meta receberia descontos e créditos futuros. Quem não atingisse, pagaria multas e teria sobretaxa na conta. Em caso de reincidência, a energia seria cortada. A imprensa contribuiu bastante divulgando diariamente as regras. Todos os dias, às 16 horas, o governo informava aos jornalistas os avanços do programa.

Segundo Falconi, foi o maior programa do tipo já realizado no mundo. "Ninguém nunca colocou uma meta para o país inteiro como nós colocamos."[14] Imagine 178 milhões de pessoas trabalhando juntas. Resultado: não apenas o apagão foi evitado como o racionamento terminou meses depois. Uma gestão primorosa de recursos limitados. Talvez uma das melhores atuações do governo brasileiro na história.

O BRASIL COM ORGANIZAÇÃO ALEMÃ E PONTUALIDADE BRITÂNICA

Se eu dissesse que a Alemanha organiza todo ano um desfile com 50 mil pessoas marchando organizadamente, sem atrasos, acompanhadas por cerca de 5 mil músicos que ensaiam disciplinadamente durante seis meses para o evento, você pensaria: "Como os alemães são organizados!"

Se eu dissesse que o Reino Unido tem um grande evento anual do qual participam milhares de pessoas e que tudo é cuidadosamente cronometrado para evitar ainda que um só minuto de atraso, você concluiria: "Pontualidade é com os ingleses."

Mas, acredite, estou falando do Carnaval do Rio de Janeiro. Somente no Grupo Especial desfilam, todo ano, 14 escolas e cerca de 50 mil componentes. Além de pessoas, há carros alegóricos de até 10 metros de altura. A bateria de cada escola é composta por até 400 ritmistas que, de fato, passaram seis meses ensaiando. Quem falta à preparação é substituído. Durante o desfile, 50 jurados avaliam minuciosamente cada quesito: bateria, samba-enredo, harmonia, evolução, alegorias etc. E há regras específicas para os integrantes. O casal porta-bandeira e mestre-sala, por exemplo, não pode ficar de costas um para o outro. A rainha de bateria é julgada não apenas pela beleza e coreografia, mas pelo empenho e a interação com a percussão. E assim por diante.[15]

Qualquer deslize, por menor que seja, resulta em perda de pontos. O rigor é tamanho que muitas vezes o vencedor é decidido por diferenças minúsculas. Em 2018, por exemplo, a Beija-Flor se sagrou campeã com 269,6 pontos, enquanto a segunda colocada, a Paraíso do Tuiuti, obteve 269,5. Note bem: apenas um décimo de diferença!

Como o brasileiro consegue ser tão preciso, comprometido e disciplinado nessa atividade e em outras, não? O que nos impede de encarar com seriedade temas como educação, saúde, segurança e saneamento básico? Será que precisaremos de uma bateria de escola de samba para elevar a produtividade na indústria? Todas as explicações usadas costumeiramente para justificar nossas supostas incompetência irremediável e falta de seriedade crônica caem perante a performance no Carnaval do Rio.

O brasileiro seria indolente por culpa de sua formação histórica? Ora, antropólogos e historiadores concordam que não existe nada mais tradicional e legítimo de nossa cultura do que se preparar para essa festa pagã.

O brasileiro seria preguiçoso por viver num país de clima quente? O Carnaval acontece em pleno verão, inclusive algumas escolas desfilam durante o dia, sob um calor insuportável. Nem por isso os foliões deixam de seguir as regras.

O brasileiro seria incapaz de fazer as coisas direito por ter baixa formação escolar? Grande parte dos organizadores dos desfiles vem de comunidades carentes. Gente muitas vezes iletrada, desfavorecida, e isso não os impede de assumir cargos de alta responsabilidade, visibilidade e poder. O peão de obra se torna um competente mestre de bateria. O sucateiro vira um aplicado diretor de harmonia. E todos com profundo senso de equipe.

O Carnaval é uma prova desconcertante de nossa imensa – e represada – capacidade realizadora. Falta apenas que nós, brasileiros, nos apoderemos disso. Só venceremos nosso fatídico "complexo de vira-lata", quando tomarmos consciência de nossas "insuspeitas potencialidades" – para usar os termos cunhados por Nelson Rodrigues.

Tente imaginar a potência de um país que unisse a organização dos alemães, a pontualidade dos britânicos e a alegria e criatividade dos brasileiros.

INCORPORANDO A MENTALIDADE
OPORTUNIDADES DISFARÇADAS

Brasil e Estados Unidos foram fundados mais ou menos na mesma época, ambos têm dimensões continentais e históricos semelhantes de escravidão e imigração, mas os Estados Unidos têm um PIB 12 vezes maior que o do Brasil.

O que fez a diferença? Entre outras razões, a cultura do enfrentamento dos problemas e o apoio à iniciativa privada.

Felizmente, você e eu podemos contribuir para reduzir esse gap. Sabe como? Trabalhando juntos: eu divulgo a filosofia e você tenta aplicá-la na prática. Desculpas não serão aceitas. Como disse Benjamin Franklin, um dos pais do conceito Oportunidades Disfarçadas: "Eu nunca conheci um homem bom em inventar desculpas que fosse bom em qualquer outra coisa."[1]

Depois de acompanhar centenas de histórias de pessoas e empresas que transformaram problemas em grandes oportunidades, você deve estar ávido por fazer isso também. Depois de conhecer esse pensamento poderoso que há mais de 200 anos vem impulsionando o mundo dos negócios, você deve estar se perguntando: "Qual é o primeiro passo?"

Pois bem: lamento dizer que não existe um método ou fórmula definido. Após estudar o assunto por quase 20 anos e conhecer milhares de casos, posso afirmar sem receio de errar: cada caso é um caso, cada situação foi única, não é possível repeti-los. Cada caso descrito neste livro e no anterior envolve um conjunto singular de variáveis: momento histórico, situação do mercado, realidade macroeconômica, habilidades pessoais, acaso etc.

Se não há uma técnica a seguir, no entanto, pelo menos existem atitudes, características e aptidões que comprovadamente aumentam suas possibilidades de descobrir uma oportunidade disfarçada. Vamos a elas.

Permanecer no desconforto
Ninguém gosta de problemas. Significam aborrecimento, dificuldade e esforço. Quando ocorrem no campo profissional, então, provocam arrepios. É natural que queiramos negá-los, fugir deles ou tentar passar o pepino para outros.

Porém, a história empresarial mostra que praticamente todo problema pode ser transformado em oportunidade. Quando nos livramos de uma adversidade no trabalho, podemos estar dispensando o cavalo selado também. Por isso é que a premissa fundamental para encontrar uma oportunidade disfarçada é a capacidade de permanecer no desconforto.

Como eu disse ao longo do livro, problemas são oportunidades, erros nos levam a desvios, fracassos são terrenos férteis e crises estimulam inovação. Mas só testemunhará isso quem suportar ficar no ambiente hostil do problema, do erro, do fracasso e da crise por tempo suficiente, até baixar a poeira das emoções e recuperar a racionalidade.

Com equilíbrio e calma, é possível enxergar com clareza a situação real, dimensioná-la e identificar possíveis causas e soluções.

Ser curioso

Se a simples menção da palavra "problema" causa rejeição, ansiedade e medo irracionais, como encará-lo? Como cultivar a cultura do enfrentamento do problema (nas palavras do consultor Vicente Falconi)?

Simples: interessando-se pelo problema. O senso comum diz que devemos trabalhar naquilo de que gostamos e fazer apenas o que queremos. Isso significa evitar tudo que nos seja estranho, desconhecido ou desagradável. Mas esse pensamento é equivocado, porque podemos – e devemos – estar abertos ao novo, ao estrangeiro, ao obscuro.

Não estou dizendo que você deve se interessar pelo que odeia. Claro que não. Mas entre o que amamos e o que detestamos há um enorme leque de assuntos e áreas pelos quais *poderíamos* nos interessar. Ao nos abrirmos para um novo tema, uma mudança interna acontece. É o que afirma o psicólogo Daniel Goleman, autor de *Inteligência emocional*: "Quanto mais nos interessamos por alguma coisa, mais atenção prestamos. E quanto mais atenção prestamos, mais nos importamos. A atenção está diretamente ligada ao amor."[2] Interesse-se primeiro, o amor vem depois. Só quem tiver a habilidade de se interessar pelos problemas será capaz de ultrapassar sua superfície ameaçadora e desinteressante e atingir a profundidade, que é onde a coisa começa a ficar realmente instigante.

"É mágico: quanto mais você lê e se informa sobre o assunto, mais as ideias começam a aparecer", disse Andrew Ng, fundador do centro de pesquisa Google Brain.[3] Estude tudo que puder sobre o assunto: a realidade do segmento, casos semelhantes do passado, tendências futuras e novidades da tecnologia. Não tenha pressa. Em vez de buscar logo a luz no fim do túnel, tente iluminar o túnel. Como disse Albert Einstein: "Não é que eu seja muito inteligente, é que eu passo mais tempo com os problemas."[4]

Ser criativo

Criar é fazer conexões entre coisas aparentemente não relacionadas. Por isso é tão importante abastecer o cérebro de informações antes de criar. Quanto mais repertório, melhor.

É claro que há pessoas com mais facilidade de criar do que outras, mas a ciência já comprovou que todos nós podemos ser mais criativos. A criatividade é como um músculo: pode ser exercitada e aperfeiçoada. O que impede que haja mais gente criativa são – surpresa – nossas travas interiores. O sujeito não se permite criar, nem ao menos *tenta* ser criativo. Forma-se, então, um círculo vicioso: ele não é criativo porque não tenta, e não tenta porque não é criativo.

Para romper essa dinâmica, ouça a voz da ciência: quanto mais você *tentar* pensar de forma criativa, mais criativo *se tornará*. Isso se explica pela plasticidade do cérebro: quando ativamos neurônios para realizar determinada tarefa, mais fortes se tornam as conexões entre as células envolvidas.

Portanto, diante de um desafio ou dificuldade, permita-se imaginar diversas saídas. Invente, crie, tente soluções diferentes.

Ter resiliência
O caminho para uma oportunidade disfarçada é sempre repleto de obstáculos.

A começar pelo círculo de amigos e familiares. Em geral, as pessoas no Brasil nos desencorajam a enfrentar problemas e criar algo novo. Dizem que não vai dar certo, que não vale a pena ou que é responsabilidade dos outros.

Quem vence esse desestímulo inicial encontra, em seguida, as dificuldades inerentes à implementação de qualquer novo negócio. "Nenhum plano sobrevive ao primeiro contato com a realidade" é uma máxima corporativa. São necessários recuos estratégicos, correções de rota e aperfeiçoamentos contínuos.

Por último, há o risco real de fracasso. Segundo o IBGE, 60% dos novos negócios fecham as portas antes de completarem cinco anos. Quem sofre essa frustração enfrenta ainda a reprovação da sociedade (sempre ela), que rotula o sujeito de "derrotado", "azarado" e "perdedor".

Precisamos combater esse preconceito absurdo e injustificado. Em outros países, como nos Estados Unidos, um erro desse tipo é encarado como parte natural da vida. E a pessoa tem condições de rapidamente zerar o jogo e tentar de novo. Devemos valorizar quem tenta empreender. Pela simples razão de que isso beneficia a sociedade como um todo. Mesmo quando dá errado.

Foi o que concluíram os sociólogos e pesquisadores americanos Lee Ross e Richard Nisbett, citados pelo economista Eduardo Giannetti na palestra "O valor do amanhã": "Ainda que a maioria esteja fadada ao insucesso, socialmente é bom que muitos tentem. Porque, mesmo que poucos sejam bem-sucedidos, o efeito líquido para a sociedade em larga medida supera o custo dos indivíduos que não chegaram ao resultado pretendido (...) Nós não sabemos de antemão qual dará certo ou quem será bem-sucedido. E um Bill Gates que acerta, ou um Shakespeare, um Francis Bacon que acerta, o benefício trazido por esse resultado positivo supera largamente o custo daqueles cujo nome não sabemos porque tentaram e não deu certo."[5]

• • •

Mesmo que você não pretenda empreender ou realizar grandes inovações, o pensamento Oportunidades Disfarçadas pode tornar sua vida mais produtiva, dinâmica e estimulante.

Vivemos na era da incerteza, da ambiguidade, da complexidade e das mudanças velozes. O aumento da longevidade nos obrigará a realizar mais transições ao longo da vida. Mudar de profissão, aprender coisas novas, fazer cursos diferentes, desenvolver outras habilidades. Se você acha esse futuro exaustivo ou ameaçador, tente ver pela seguinte perspectiva: são oportunidades para desenvolver todo o seu potencial.

Nesse sentido, vou finalizar o livro com as palavras de Joseph Campbell, o maior especialista em mitologia do século 20. Depois de estudar durante décadas as mais diferentes culturas de diversos momentos históricos, de toda parte, Campbell concluiu:

Acredito que esta seja a grande verdade: cada um de nós é uma criatura completa, única, e, se for o caso de oferecermos alguma dádiva ao mundo, ela deverá ser extraída da nossa própria experiência e da realização das nossas próprias potencialidades, e não de quem quer que seja.[6]

Final (ou início?)

Durante muito tempo me perguntei o que teria me levado ao tema Oportunidades Disfarçadas. Qual a razão para dedicar tanto tempo e esforço a temas desagradáveis e espinhosos como crises, fatalidades, erros e fracassos?

Depois de anos de análise, consegui identificar a razão: há uma vivência marcante em minha primeira infância que talvez explique isso. Quando pequeno, vi minha irmã Maria da Glória – a quem dediquei este livro – morrer de câncer aos 13 anos. Como seus quatro anos finais coincidiram com meus quatro primeiros anos de vida, não tenho lembrança alguma dessa época. Mas aquele ambiente sombrio e ameaçador ficou impregnado em mim.

Em minha mente infantil, devo ter concluído que era um sobrevivente. Conforme crescia, passei, inconscientemente, a me interessar por histórias semelhantes.

O que sempre me atraiu nas trajetórias de pessoas e empresas bem-sucedidas não foi o sucesso em si, mas a proximidade com o abismo. Os momentos de dificuldade, angústia, incerteza e solidão que quase as faz desistir. Até que, subitamente, há um fascinante instante de inflexão que as leva a dar a volta por cima.

Descobrir isso foi mais do que uma revelação. Foi reconhecer uma vocação. O que para outros pode parecer um sacrifício – essas viagens à escuridão – é, para mim, algo familiar e intrigante. Resolvi transformar essa habilidade em propósito.

Pretendo difundir cada vez mais o conceito Oportunidades Disfarçadas. Essa poderosa ideia secular merece ser passada adiante, para as novas gerações.

Afinal, como disse Nietzsche, um homem não é um fim, mas uma ponte.

Referências

Introdução

[1] ZEENDER, Jim. "In Their Own Words: John Adams and Ben Franklin, Part I". *US National Archives*. Disponível em: <prologue.blogs.archives.gov/2012/06/20/in-their-own-words-john-adams-and-ben-franklin-part-i/>. Acesso em 1 jun. 2019.

[2] ISAACSON, Walter. *Benjamin Franklin, an American Life*. Nova York: Simon & Schuster, 2003, p. 492. [Ed. bras.: *Benjamin Franklin: Uma vida americana*. São Paulo: Companhia das Letras, 2015.]

[3] PRETZER, William S. *Working at Inventing: Thomas A. Edison and the Menlo Park Experience*. Baltimore: Johns Hopkins University Press, 2001, p. 4.

[4] TOYOTA. Página "sobre nós". Disponível em: <www.toyota-myanmar.com/about-toyota/toyota-traditions/quality/ask-why-five-times-about-every-matter>. Acesso em 4 jun. 2019.

[5] SHAUGHNESSY, Haydn. "Six ideas driving the future of innovation". *Forbes*. Disponível em: <www.forbes.com/sites/haydnshaughnessy/2013/08/30/six-core-ideas-for-the-future-of-innovation/#5f765ec951be>. Acesso em 4 jun. 2019.

[6] DRUCKER INSTITUTE. Página "sobre nós", 14 jan. 2011. Disponível em: <www.drucker.institute/news-post/opportunity-in-disguise>. Acesso em 4 jun. 2019.

[7] Segundo projeções de 2017 do McKinsey Global Institute.

Oportunidades disfarçadas na insatisfação de clientes

[1] BOWERMAN, Mary. "5 facts about the loved and hated McDonald's Filet-O-Fish". *USA Today*, 26 fev. 2016. Disponível em: <www.usatoday.com/story/money/nation-now/2016/02/26/facts-filet-o-fish-sandwich-mcdonalds-sandwich/80808494/>. Acesso em 3 jun. 2019.

[2] ZIPKIN, Amy. "Out of Africa, onto the Web". *The New York Times*, 17 dez. 2006. Disponível em: <www.nytimes.com/2006/12/17/jobs/17boss.html>. Acesso em 28 maio 2019.

[3] THE GUARDIAN. "US unemployment rate falls to 5.9% but wage growth disappoints – Business Live". Disponível em: <www.theguardian.com/business/live/2014/oct/03/chinese-service-sector-ireland-eurozone-us-non-farm-payroll-live>. Acesso em 28 maio 2019.

[4] MENDONÇA, Heloísa. "Fundador do Nubank: 'Queremos trazer quem paga as tarifas absurdas dos grandes bancos brasileiros'". *El País Brasil*, 18 jan. 2018. Disponível em: <brasil.elpais.com/brasil/2018/01/15/politica/1516036047_650408.html>. Acesso em 28 maio 2019.

[5] LASHINSKY, Adam. "How Dollar Shave Club got started". *Fortune*, 10 mar. 2015. Disponível em: <fortune.com/2015/03/10/dollar-shave-club-founding>. Acesso em 28 maio 2019.

[6] THE TELEGRAPH. "Top tips for creating a successful app". Disponível em: <www.telegraph.co.uk/connect/better-business/top-tips-for-creating-a-successful-app>. Acesso em 28 maio 2019.

[7] BAKER, Peter. "Hello, Mr. Chips: VA. teacher who found Intel's flaw". *The Washington Post*, 16 dez. 1994. Disponível em: <wapo.st/2JrSw6Y>. Acesso em 10 jul. 2019.

[8] ALTMAN, Max. "Hoje na história: 1982 – Morre mais uma vítima do 'Tylenol terrorista' nos EUA". *Opera Mundi*, 29 set. 2014. Disponível em: <operamundi.uol.com.br/historia/38027/hoje-na-historia-1982-morre-mais-uma-vitima-do-tylenol-terrorista-nos-eua>. Acesso em 21 jun. 2019.

[9] AD AGE. *200 Leading National Advertisers 2017*, 26 jul. 2017. Disponível em: <gaia.adage.com/images/bin/pdf/LNA_Fact_Pack_2017online.pdf>. Acesso em 28 maio 2019.

[10] SANBURN, Josh. "5 reasons Borders went out of business (and what will take its place)". *Time*, 19 jul. 2011. Disponível em: <business.time.com/2011/07/19/5-reasons-borders-went-out-of-business-and-what-will-take-its-place/>. Acesso em 5 jun. 2019.

[11] BLACKSHAW, Pete. "What Best Buy learned about service as marketing and empowering employees". *Ad Age*, 24 nov. 2009. Disponível em: <adage.com/article/digital-columns/digital-marketing-buy-s-customer-service-twelpforce/140708/>. Acesso em 28 maio 2019.

[12] EVANS, Bob. "Why Amazon can't match Microsoft in the cloud: 10 insights from Satya Nadella". *Forbes*, 26 jul. 2018. Disponível em: <www.forbes.com/sites/bobevans1/2018/07/26/why-amazon-cant-match-microsoft-in-the-cloud-10-insights-from-satya-nadella/#1ff787c51fb8>. Acesso em 21 jun. 2019.

[13] MELO, Luísa. "Como a Zappos pode ensinar os brasileiros a atender clientes". *Exame*, 17 set. 2014. Disponível em: <exame.abril.com.br/negocios/como-a-zappos-pode-ensinar-os-brasileiros-a-atender-clientes>. Acesso em 21 jun. 2019.

[14] HARWOOD, Roland. "Unleashing customer innovation with Lego Ideas". Blog 100 Open, 30 abr. 2014. Disponível em: <www.100open.com/unleashing-customer-innovation-with-lego-ideas>. Acesso em 28 maio 2019.

[15] OSTROW, Adam. "Facebook launches community-driven project to add foreign language support". Mashable, 27 dez. 2007. Disponível em: <mashable.com/2007/12/27/facebook-translations/#.OLCG.zUFOq7>. Acesso em 3 jun. 2019.

[16] MCGONIGAL, Jane. *Reality is Broken: Why Games Make Us Better and How They Can Change the World*. Nova York: Penguin Books, 2011, parte 3. [Ed. bras.: *A realidade em jogo: Por que os games nos tornam melhor e como eles podem mudar o mundo*. Rio de Janeiro: BestSeller, 2012.]

[17] HARWOOD, 2014.

Oportunidades disfarçadas nos erros

[1] SWISHER, Kata. "The money shot". *Vanity Fair*, 6 maio 2013. Disponível em: <www.vanityfair.com/news/business/2013/06/kara-swisher-instagram?verso=true>. Acesso em 6 jun. 2019.

[2] BERLITZ. Página "sobre nós". Disponível em: <www.berlitz.de/en/berlitz_company/tradition/history>. Acesso em 5 jun. 2019.

[3] PÉPIN, Charles. *As virtudes do fracasso*. São Paulo: Estação Liberdade, 2018, p. 84.

[4] KELLOGG'S. Página "sobre nós". Disponível em: <www.kelloggs.com/en_US/who-we-are/our-history.html>. Acesso em 6 jun. 2019.

[5] TEFLON. Página "sobre nós". Disponível em: <www.chemours.com/Teflon/en_US/products/history.html>. Acesso em 6 jun. 2019.

[6] GARDNER, David. "'Accidental' inventor of Super Glue dies aged 94". *The Daily Mail Online*, 29 mar. 2011. Disponível em: <www.dailymail.co.uk/news/article-1370641/Accidental-Super-Glue-inventor-Harry-Coover-dies-aged-94.html>. Acesso em 6 jun. 2019.

[7] HARFORD, Tim. *Adapt: Why Success Always Starts with Failure*. Londres: Abacus Publishing. 2012, p. 8. [Ed. bras.: *Adapte-se: Por que todo sucesso começa com um fracasso*. Rio de Janeiro: Record, 2015.]

[8] THE ECONOMIST. "Good to great to gone", 7 jul. 2009. Disponível em: <www.economist.com/business/2009/07/07/good-to-great-to-gone>. Acesso em 7 jun. 2019.

[9] THE TELEGRAPH. "Cruise ship safety: Timeline of disasters and safety regulations", 16 jan. 2012. Disponível em: <www.telegraph.co.uk/travel/cruises/articles/Cruise-ship-safety-timeline-of-disasters-and-safety-regulations/>. Acesso em 6 jun. 2019.

[10] NBS NEWS. "Cigarette eyed as cause of cruise blaze", 24 mar. 2006. Disponível em: <www.nbcnews.com/id/11975460/ns/us_news-life/t/cigarette-eyed-cause-cruise-blaze/#.XPkexy2ZNTa>. Acesso em 6 jun. 2019.

[11] FRAHER, Amy L. *Thinking Through Crisis: Improving Teamwork and Leadership in High-Risk Fields*. Nova York: Cambridge University Press, 2011, p. 84.

[12] Idem, p. 7.

[13] Idem, p. 4.

[14] EDMONDSON, Amy C. "Estratégias para aprender com o erro". *Harvard Business Review*, 17 nov. 2014. Disponível em: <hbrbr.uol.com.br/estrategias-para-aprender-com-o-erro/>. Acesso em 6 jun. 2019.

[15] KANITZ, Stephen. "Analise o erro e não erre mais". Blog do autor, 30 out. 2013. Disponível em: <blog.kanitz.com.br/analise/>. Acesso em 6 jun. 2019.

[16] KOWITT, Beth. "How Ikea took over the world". *Reader's Digest*, 2017, p. 71.

[17] KLOTH-JORGENSEN, Benny. *Stepping Stones to Success*. Athena Publishing House, 2015, p. 196.

[18] SALGADO, Eduardo. "A solução é errar". *Exame*, 26 nov. 2014, p. 147.

[19] NADALE, Marcel. "Por que o Hulk é verde?". *Superinteressante*, 4 jul. 2018. Disponível em: <super.abril.com.br/mundo-estranho/por-que-o-hulk-e-verde/>. Acesso em 6 jun. 2019.

Oportunidades disfarçadas nas crises

¹ ADAMS, James Truslow. *The Epic of America*. Boston: Little, Brown, and Company, 1931.

² THOMPSON, Neal. "The unbelievable Mr. Ripley". *Vanity Fair*, 6 maio 2013. Disponível em: <www.vanityfair.com/culture/2013/05/robert-ripley-believe-it-or-not>. Acesso em 7 jun. 2019.

³ ELLIOT, Alan C. *A Daily Dose of the American Dream*. Nashville: Rutledge Hill Press, 1998.

⁴ CLARK, Andrew. "Moviegoers set US box office record in effort to escape recessionary gloom". *The Guardian*, 2 fev. 2009. Disponível em: <www.theguardian.com/world/2009/feb/02/usa-mediabusiness>. Acesso em 7 jun. 2019.

⁵ VALOR ECONÔMICO. "Apesar da crise, cinema teve maior crescimento dos últimos 5 anos", 26 jan. 2016. Disponível em: <www.valor.com.br/empresas/4411232/apesar-da-crise-cinema-teve-maior-crescimento-dos-ultimos-5-anos>. Acesso em 7 jun. 2019.

⁶ GALLAS, Daniel. "Como a Netflix driblou a pirataria e fez do Brasil seu 'foguete'". *BBC Brasil*, 23 nov. 2015. Disponível em: <www.bbc.com/portuguese/noticias/2015/11/151123_netflix_pirataria_brasil_dg_fn>. Acesso em 7 jun. 2019.

⁷ DESIDÉRIO, Mariana. "Os números impressionantes da Comic Con de SP, a maior do mundo". *Exame*, 10 dez. 2018. Disponível em: <exame.abril.com.br/negocios/os-numeros-impressionantes-da-comic-con-de-sp-a-maior-do-mundo/>. Acesso em 7 jun. 2019.

⁸ ROYAL ACADEMY OF ARTS. America After The Fall: Painting in the 1930s. A guide for friends. Londres, 2017.

⁹ C-SPAN. *Presidential Historians Survey 2017*. Disponível em: <www.c-span.org/presidentsurvey2017/?page=overall>. Acesso em 7 jun. 2019.

¹⁰ LAS VEGAS. *A History of the Las Vegas Convention and Visitors Authority*. Disponível em: <bit.ly/2JB6cva>. Acesso em 11 jul. 2019.

¹¹ MCMILLAN, Robert. "How Social Security rescued IBM from death by depression". *Wired*, 27 jun. 2012. Disponível em: <www.wired.com/2012/06/how-social-security-saved-ibm/>. Acesso em 7 jun. 2019.

Oportunidades disfarçadas nos fracassos

¹ WHITE, Michael. *Tolkien, uma biografia*. Rio de Janeiro: Imago, 2002, p. 89. Outra fonte: carta do autor a Milton Waldman. TOLKIEN ESTATE. Disponível em: <www.tolkienestate.com/en/writing/letters/letter-milton-waldman.html>. Acesso em 8 jun. 2019.

² NATIONALMUSEET. "A mythology for England". Disponível em: <en.natmus.dk/historical-knowledge/denmark/middle-ages-1000-1536/j-r-r-tolkien/a-mythology-for-england/>. Acesso em 7 jun. 2019.

³ PIDD, Helen. "Hats off to Ampelmännchen, 50 today". *The Guardian*, 13 out. 2011. Disponível em: <www.theguardian.com/world/2011/oct/13/ampelmannchen-germany-traffic-light-50>. Acesso em 8 jun. 2019.

⁴ THE ECONOMIST. "Germany is becoming more open and diverse", 14 abr. 2018. Disponível em: <www.economist.com/leaders/2018/04/14/germany-is-becoming-more-open-and-diverse>. Acesso em 8 jun. 2019.

⁵ CIVITA, Victor. *Placar*, 20 mar. 1970, p. 38. Prefácio à edição nº 1.
⁶ NETTO, Andrei. "Mercado de startups avança na UE". *O Estado de S. Paulo*, 20 jan. 2018, p. B9.
⁷ LEWIS, Sarah. *O poder do fracasso: Como a capacidade de enfrentar adversidades e se superar é fundamental para o sucesso*. Rio de Janeiro: Sextante, 2015, p. 116-35.
⁸ Idem, p. 160-83.
⁹ CORREA, Cristiane. *Sonho grande: Como Jorge Paulo Lemann, Marcel Telles e Beto Sicupira revolucionaram o capitalismo brasileiro e conquistaram o mundo*. Rio de Janeiro: Sextante, 2013, p. 140-42.
¹⁰ PACHER, Sigurd. "Innovation and Entrepreneurship". *Austrian Information*, 2014. Disponível em: <austrianinformation.org/summerfall-2014/innovation-and-entrepreneurship?rq=schumpeter>. Acesso em 18 jul. 2019.
¹¹ BLECHER, Nelson. "Ele vai fazer falta". *Exame*, 23 nov. 2005, p. 133.
¹² Segundo pesquisa conduzida por Kathryn Shan em Stanford. Citado em O ESTADO DE S. PAULO, "Empreendedores contam como recomeçar após fim de startups", 11 jul. 2018. Disponível em: <link.estadao.com.br/noticias/inovacao,empreendedores-contam-como-recomecar-apos-fim-de-startups,70002397754>. Acesso em 8 jun. 2019.
¹³ HAIG, Matt. *Brand Failures: The Truth About the 100 Biggest Branding Mistakes of All Times*. 2. ed. Londres: Kogan Page, 2011, p. 25-27.
¹⁴ AD AGE ENCYCLOPEDIA, 15 set. 2003. Disponível em: <adage.com/article/ad-age-encyclopedia/mcdonald-s-corp/98769>. Acesso em 7 jun. 2019.

Oportunidades disfarçadas na concorrência acirrada

¹ USHER, Shaun (org.). *Cartas extraordinárias: A correspondência inesquecível de pessoas notáveis*. São Paulo: Companhia das Letras, 2014, p. 311.
² BRYSON, Bill. *Brevíssima história de quase tudo*. São Paulo: Companhia das Letrinhas, 2010, p. 141.
³ CONNOLLY, Kate. "Adidas v Puma: The bitter rivalry that runs and runs". *The Guardian*, 19 out. 2009. Disponível em: <www.theguardian.com/sport/2009/oct/19/rivalry-between-adidas-and-puma>. Acesso em 13 jun. 2019.
⁴ Cannes Lions. Festival foi criado para salvar o cinema. *O Estado de S. Paulo*, 22 dez. 2015, p. B11.
⁵ VON STADE, Skiddy. "How top executives turn problems into opportunities, and you can, too". *Fast Company*, 28 jul. 2014. Disponível em: <www.fastcompany.com/3033550/how-top-executives-turn-problems-into-opportunities-and-you-can-too>. Acesso em 13 jun. 2019.
⁶ MUSEU DA CIÊNCIA DE LONDRES. Exposição Robots: The 500-Year Quest To Make Machines Human, 2017.
⁷ RUTKIN, Aviva. "Drones will fly life-saving blood supplies to clinics in Rwanda". *New Scientist*, 14 out. 2016. Disponível em: <www.newscientist.com/article/2109023-drones-will-fly-life-saving-blood-supplies-to-clinics-in-rwanda/>. Acesso em 13 jun. 2019.
⁸ BEER, Raquel. "Como a inovação cresce na pobreza". *Veja*, 24 set. 2014, p. 96.

[9] NOGUEIRA, Salvador. "Quem, afinal, inventou o avião?" *Superinteressante*, 23 out. 2017. Disponível em: <super.abril.com.br/tecnologia/quem-afinal-inventou-o-aviao/>. Acesso em 13 jun. 2019.

[10] LOVELL, Sophie. *Dieter Rams: As Little Design as Possible*. Londres: Phaidon, 2011, p. 13-14.

[11] HUSTWIT, Gary. "Dieter Rams: If I could do it again, 'I would not want to be a designer'". *Fast Company*, 18 mar. 2015. Disponível em: <www.fastcompany.com/3043815/dieter-rams-if-i-could-do-it-again-i-would-not-want-to-be-a-designer>. Acesso em 13 jun. 2019.

[12] THE TELEGRAPH. "Dieter Rams: Apple has achieved something I never did", 4 jun. 2011. Disponível em: <www.telegraph.co.uk/technology/apple/8555503/Dieter-Rams-Apple-has-achieved-something-I-never-did.html>. Acesso em 13 jun. 2019.

[13] HIOTT, ANDREA. *Thinking Small: The Long, Strange Trip of the Volkswagen Beetle*. Nova York: Ballantine Books, 2012, p. 6.

[14] Idem, p. 5.

[15] Idem, p. 350-51.

[16] Idem, p. 368-69.

[17] CAMPBELL, Joseph com MOYERS, Bill. *O poder do mito*. São Paulo: Palas Athena, 1990, p. 5.

[18] CAIADO, Pedro. "Meryl Streep: damas de ferro". *O Estado de S. Paulo*, 28 jan. 2012. Disponível em: <cultura.estadao.com.br/noticias/cinema,meryl-streep-damas-de-ferro,828458>. Acesso em 13 jun. 2019.

[19] LONGWORTH, Karina. *Meryl Streep: Anatomy of an Actor*. Cahiers Du Cinema: 2013, p. 32.

[20] Idem, p. 41.

[21] Idem, p. 52.

[22] Idem, p. 46.

[23] Idem, p. 124.

[24] Idem, p. 10.

[25] NPR. Transcrição de entrevista, 10 ago. 2016. Disponível em: <www.npr.org/2016/08/10/489464731/meryl-streep-embodies-the-pull-of-music-in-florence-foster-jenkins>. Acesso em 13 jun. 2019.

[26] LONGWORTH, 2013, p. 49.

[27] ZAK, Dan. "Meryl Streep: A life beyond reproach". *The Washington Post*, 2 dez. 2011. Disponível em: <wapo.st/2XHHW4z>. Acesso em 11 jul. 2019.

[28] NPR, 2016.

[29] ALTMANN, Jennifer Greenstein. "Meryl Streep talks about the 'mysterious' art of acting". Site da Universidade de Princeton, seção notícias, 1 dez. 2006. Disponível em: <www.princeton.edu/news/2006/12/01/meryl-streep-talks-about-mysterious-art-acting>. Acesso em 13 jun. 2019.

[30] LONGWORTH, 2013, p. 127.

[31] Idem, p. 139.

[32] JEFFRIES, Stuart. "A legend lightens up". *The Guardian*, 2 jul. 2008. Disponível em: <www.theguardian.com/film/2008/jul/02/features.culture2>. Acesso em 13 jun. 2019.

[33] SCHELL, Hester. *Casting Revealed: A Guide for Film Directors*. 2. ed. Nova York: Routledge Taylor&Francis Group, 2017, p. 97.

Oportunidades disfarçadas na ameaça ambiental

[1] CASEY, Susan. "Blueprint for green business". *Fortune*, 29 maio 2007. Disponível em: <archive.fortune.com/magazines/fortune/fortune_archive/2007/04/02/8403423/index3.htm>. Acesso em 14 jun. 2019.

[2] FRAY, Erica e HEIMER, Matt. "Change the World. Where the profit motive works for the planet". *Fortune*, 1 set. 2018, p. 6.

[3] AYRES, Matt. "From trash to cash: The entrepreneurs who waste no opportunity". *The Guardian*, 8 jun. 2016. Disponível em: <www.theguardian.com/small-business-network/2016/jun/08/entrepreneurs-waste-opportunity-rubbish>. Acesso em 14 jun. 2019.

[4] BRANCO, Leo. "6 empreendedores que sabem tirar riqueza do lixo". *Exame*, 10 jun. 2014. Disponível em: <exame.abril.com.br/pme/a-riqueza-que-vem-do-lixo/>. Acesso em 14 jun. 2019.

[5] GERMANO, Felipe. "O fantástico mundo de Elon Musk". *Superinteressante*, maio 2018, p. 37.

[6] FRAY e HEIMER, 2018, p. 37.

[7] VIEIRA, Renata. "Sob pressão, empresas reduzem o uso de plástico". *Exame*, 8 set. 2018. Disponível em: <exame.abril.com.br/revista-exame/nao-basta-abandonar-o-canudinho/>. Acesso em 14 jun. 2019.

[8] CENDROWSKI, Scott. "Tesla makes a U-Turn in China". *Fortune 500*, jun. 2017, p. 50-51.

[9] CONNER, Cheryl. "It's a dirty business: The green entrepreneurs who create treasure (and profit) from trash". *Forbes*, 27 out. 2012. Disponível em: <bit.ly/2YIyjyV>. Acesso em 11 jul. 2019.

Oportunidades disfarçadas nas fatalidades

[1] BBC. *Madame Tussauds, A Legend in Wax*, documentário, 2017.

[2] MILLER, Tonya. "35 years ago today, a tornado transformed Best Buy". Best Buy, blog da empresa, 14 jun. 16. Disponível em: <corporate.bestbuy.com/35-years-ago-today-a-tornado-transformed-best-buy/>. Acesso em 14 jun. 2019.

[3] MASP. *Relatório anual de atividades, 2017*. Disponível em: <bit.ly/32lqiCb>. Acesso em 11 jul. 2019.

[4] BALL WATCH. *Manual do usuário*. Disponível em: <content.abt.com/documents/17554/Ball_Watches_Owners_Manual.pdf>. Acesso em 14 jun. 2019.

[5] CUADROS, Alex. "For art's sake". *Bloomberg Businessweek*, 8 jun. 2018. Também disponível em: <www.scribd.com/article/381324843/For-Art-S-Sake>. Acesso em 14 jun. 2019.

[6] BBC. "A nation of tall cheese-eaters", 29 set. 2015. Disponível em: <www.bbc.com/news/magazine-34380895>. Acesso em 14 jun. 2019.

[7] ADAMS, Emma e LEWIS, James Weston. *The Great Fire of London*. Londres: Wren & Rook, 2016.

[8] PR NEWSWIRE. "Jack Daniel's Tennessee Fire and iHeartMedia continue effort in support of America's firefighters and their communities", 8 mar. 2018. Disponível em: <prn.to/2EfiKUf>. Acesso em 14 jun. 2019.

Oportunidades disfarçadas no acaso

[1] DEARO, Guilherme. "Designer que criou famoso logo da Nike ganhou $35 por ele". *Exame*, 29 abr. 2016. Disponível em: <exame.abril.com.br/marketing/designer-que-criou-famoso-logo-da-nike-ganhou-35-por-ele/>. Acesso em 18 jun. 2019.

[2] G1.GLOBO.COM. "Artista que pintou sede do Facebook deve ganhar US$ 200 milhões com IPO", 2 fev. 2012. Disponível em: <g1.globo.com/tecnologia/noticia/2012/02/artista-que-pintou-sede-do-facebook-deve-ganhar-us-200-milhoes-com-ipo.html>. Acesso em 18 jun. 2019.

[3] SOUZA, Eliana Silva de. "A Galinha Pintadinha estreia na TV Cultura". *O Estado de S. Paulo*, 14 maio 2018, p. C6.

[4] STERNBERGH, Adam. "Sweet and vicious". *New York Magazine*, 8 set. 2005. Disponível em: <nymag.com/nymetro/food/features/14289/>. Acesso em 18 jun. 2019.

[5] MOORE, James. "Back in the groove: How vinyl rose from its sickbed to capture the eyes and ears of millennials". *The Independent*, 21 set. 2017. Disponível em: <www.independent.co.uk/news/long_reads/vinyl-demand-lps-record-store-day-a7952911.html>. Acesso em 18 jun. 2019.

[6] BOUQUET, Tim. "O rei do vinil". *Seleções* (Reader's Digest), jan. 2017, p. 81-85.

[7] Do livro *O fator sorte*, de Richard Wiseman (Record, 2003), segundo citado em "Como a meritocracia contribui para a desigualdade". MARASCIULO, Marília. *Galileu*, 24 jun. 2016. Disponível em: <revistagalileu.globo.com/Sociedade/noticia/2016/06/como-meritocracia-contribui-para-desigualdade.html>. Acesso em 18 jun. 2019.

[8] COHEN, Alina. "On a Dare from His Son, Roy Lichtenstein Unwittingly Invented Pop Art". Artsy, 1 out. 2018. Disponível em: <www.artsy.net/article/artsy-editorial-dare-son-roy-lichtenstein-unwittingly-invented-pop-art>. Acesso em 18 jun. 2019.

[9] THE TELEGRAPH, "The most expensive artwork ever sold", 16 nov. 2017. Disponível em: <www.telegraph.co.uk/luxury/art/expensive-pieces-art-ever-sold/expensive-art-ever-roy-lichtenstein/>. Acesso em 18 jun. 2019.

[10] KEEP CALM AND CARRY ON. Página "sobre nós". Disponível em: <www.keepcalmandcarryon.com/history/>. Acesso em 18 jun. 2019.

[11] LACERDA, Danielle. "A ideia de estratégia para Alfred Chandler, o fundador da Business History". Portal Administradores, 16 mar. 2019. Disponível em: <administradores.com.br/artigos/a-ideia-de-estrategia-para-alfred-chandler-o-fundador-da-business-history>. Acesso em 18 jun. 2019.

[12] LEHRER, Jonah. "The neuroscience of screwing up". *Wired*, jan. 2010, p. 79-82.

Oportunidades disfarçadas nas tragédias pessoais

[1] TODESCHINI, Marcos. "Do luto à fama: a história da Veuve Clicquot". *Época Negócios*, 4 fev. 2010. Disponível em: <glo.bo/2NPkMV6>. Acesso em 11 jul. 2019.

[2] VIEIRA, Vanessa. Entrevista com Jill Bolte Taylor nas Páginas Amarelas da *Veja*, 3 dez. 2008, p. 17-20.

[3] TAYLOR, Jill Bolte. *A cientista que curou seu próprio cérebro*. Rio de Janeiro: HarperCollins, 2008, p. 12.

[4] VITELLO, Paul. "Augusto Odone, father behind 'Lorenzo's Oil,' dies at 80". *The New York Times*, 29 out. 2013. Disponível em: <www.nytimes.com/2013/10/29/world/

europe/augusto-odone-father-behind-real-life-lorenzos-oil-dies-at-80.html>. Acesso em 15 jun. 2019.

[5] GLADWELL, Malcolm. *Davi e Golias: A arte de enfrentar gigantes*. Rio de Janeiro: Sextante, 2014, p. 106.

[6] CONY, Carlos Heitor. "Eis a questão". *Folha de S.Paulo*, 24 maio 1998. Disponível em: <www1.folha.uol.com.br/fsp/opiniao/fz24059805.htm>. Acesso em 19 ago. 2019.

[7] DAUGHERTY, Greg. "7 sickly kids who grew up to change our world". Mother Nature Network, 27 mar. 2017. Disponível em: <www.mnn.com/lifestyle/arts-culture/stories/sickly-kids-who-grew-change-our-world>. Acesso em 15 jun. 2019.

[8] Idem.

[9] ANDRAE, Thomas. *Carl Barks and the Disney Comic Book: Unmasking the Myth of Modernity*. Jackson: University Press of Mississippi, 2006, p. 59.

[10] AULT, Donald. *Carl Barks: Conversations*. Jackson: University Press of Mississippi, 2003, p. XI.

[11] DISNEY. *O melhor da Disney: As obras completas de Carl Barks*. Vol. 1. Abril, abr. 2004. Contracapa.

[12] AULT, 2003, p. 35.

[13] BARKS, Carl. *The Fine Art of Walt Disney's Donald Duck*. Scottsdale: Another Rainbow Publishing, 1981.

[14] FALK, Peter. *Just One More Thing: Stories From my Life*. Nova York: Carrol & Graf Publishers, 2006, p. 51.

[15] CBS NEW YORK. "'Columbo' actor, New York City native Peter Falk, dead at 83", 24 jun. 2011. Disponível em: <newyork.cbslocal.com/2011/06/24/columbo-actor-new-york-city-native-peter-falk-dead-at-83/>. Acesso em 15 jun. 2019.

[16] Idem.

[17] BIRCH, Beverley. *Louis Braille: The Blind French Boy Whose Invention Has Helped Millions of Blind People to Read*. Watford: Exley Publications, 1990, p. 48. [Ed. bras.: *Louis Braille*. Coleção Os Grandes Humanistas. São Paulo: Globo, 1993.]

[18] ENCYCLOPAEDIA BRITANNICA. Verbete "Margaret Sanger". Disponível em: <www.britannica.com/biography/Margaret-Sanger>. Acesso em 15 jun. 2019.

Oportunidades disfarçadas ao seu redor

[1] THOMSON, Alice. "Help kids to kick social media addiction". *The Times*, 14 mar. 2018. Disponível em: <www.thetimes.co.uk/article/help-kids-to-kick-social-media-addiction-x7xjqh9rf>. Acesso em 16 jun. 2019.

[2] BRIGHT, Torah. Verbete "Snowboarding". *Encyclopaedia Britannica*. Disponível em: <www.britannica.com/sports/snowboarding#ref1247336>. Acesso em 16 jun. 2019.

[3] DANELON, Fernand. "O Google dos sebos". *Trip*, 12 maio 2009. Disponível em: <revistatrip.uol.com.br/trip/o-google-dos-sebos>. Acesso em 16 jun. 2019.

[4] FRAGA, Nayara. "Um caminhão de downloads". *Época Negócios*, ago. 2015, p. 79.

[5] VICTORIA AND ALBERT MUSEUM. Exposição Undressed: A Brief History of Underwear, 2017.

[6] O'BRIEN, Donough. *"Who?": The Most Remarkable People You've Never Heard of*. Londres: Bene Factum Publishing, 2013, p. 40-41.

[7] LOUREIRO, Rodrigo. "Brian Chesky: o empreendedor americano fez do Airbnb um dos expoentes da economia compartilhada". *IstoÉ Dinheiro*, 25 out. 2017, p. 72.

[8] PWC. "The Un-hotelier". Blog da empresa, 20 maio 2014. Disponível em: <bit.ly/R3H6HK>. Acesso em 11 jul. 2019.

[9] ÉPOCA NEGÓCIOS. Entrevista com Michael Conrad, 22 abr. 2013. Disponível em: <glo.bo/2LNf8QR >. Acesso em 11 jul. 2019.

[10] O'BRIEN, 2013, p. 79-80.

[11] WILNER, Adriana. "O pai do Sudoku". *Valor Econômico*, 30 jun. 2007, p. 12-14.

[12] PIRES, Fabiana. "Pensando fora do saco". *Época Negócios*, 7 maio 2013. Disponível em: <epocanegocios.globo.com/Informacao/Acao/noticia/2013/05/pensando-fora-do-saco.html>. Acesso em 16 jun. 2019.

[13] ATAÍDE, Guilherme. "Qual é a origem do pastel?". *Superinteressante*, 4 jul. 2018. Disponível em: <super.abril.com.br/mundo-estranho/qual-e-a-origem-do-pastel/>. Acesso em 16 jun. 2019.

[14] CIRQUE DU SOLEIL. Programa oficial do espetáculo *Saltimbanco* no Brasil, 2006.

[15] G1.GLOBO.COM. "Alibaba e as 40 questões", 19 set. 2014. Disponível em: <g1.globo.com/economia/mercados/noticia/2014/09/alibaba-e-40-questoes.html>. Acesso em 16 jun. 2019.

[16] COUSINEAU, Phil (org.). *A jornada do herói: Joseph Campbell, vida e obra*. São Paulo: Ágora, 2003, p. 218-219.

[17] KNIGHT, Sam. "How Uber conquered London". *The Guardian*, 27 abr. 2016. Disponível em: <www.theguardian.com/technology/2016/apr/27/how-uber-conquered-london>. Acesso em 16 jun. 2019.

[18] BENSON, Eric. "A good break". *Hemispheres*, jan. 2015. Disponível em: <www.unitedmags.com/catching-the-biggest-wave-off-nazar>. Acesso em 16 jun. 2019.

[19] FERRARI, Bruno. "BuzzFeed: O rei do viral da internet". *Época*, 3 maio 2015. Disponível em: <epoca.globo.com/vida/noticia/2015/05/buzzfeed-o-rei-do-viral-da-internet.html>. Acesso em 16 jun. 2019.

[20] POPHAM, Peter. "Carlo Petrini: The Slow Food gourmet who started a revolution". *The Independent*, 10 dez. 2009. Disponível em: <bit.ly/1zT8Ml8>. Acesso em 12 jul. 2019.

[21] TEIXEIRA JR., Sergio. "O Anti-McDonald's". *Exame*, 22 jul. 2015, p. 70-72.

[22] MACROTRENDS. Disponíveis em: <www.macrotrends.net/stocks/charts/CMG/chipotle-mexican-grill/revenue> e <www.macrotrends.net/stocks/charts/MCD/mcdonalds/revenue>. Acesso em 16 jun. 2019.

[23] PURCHIO, Luisa. "Não compre meus produtos". *IstoÉ*, 30 jun. 2014, p. 81.

[24] BELLA, Timothy. "'Just Do It': The surprising and morbid origin story of Nike's slogan". *The Washington Post*, 4 set. 2018. Disponível em: <wapo.st/2XHcrY5>. Acesso em 12 jul. 2019.

Oportunidades disfarçadas nas emboscadas

[1] EMMETT, James. "Rise of the pseudo-sponsors: A history of ambush marketing". SportsPro, 16 jun. 2010. Disponível em: <bit.ly/30qYeeM>. Acesso em 14 jun. 2019.

[2] SHAY, Christopher. "Can China's big shoe brand make tracks in the U.S.?" *Time*, 26 mar. 2010. Disponível em: <content.time.com/time/business/article/0,8599,1975176,00.html>. Acesso em 14 jun. 2019.

[3] PASSIKOFF, Robert. "Ambush Marketing: An olympic competition. And Nike goes for gold". *Forbes*, 7 ago. 2012. Disponível em: <bit.ly/2JBEeiW>. Acesso em 14 jun. 2019.

[4] KLARA, Robert. "How Nike brilliantly ruined olympic marketing forever". *Adweek*, 10 ago. 2016. Disponível em: <www.adweek.com/brand-marketing/how-nike-brilliantly-ruined-olympic-marketing-forever-172899/>. Acesso em 14 jun. 2019.

[5] BOECHAT, Yan e CARDOSO, Rodrigo. "Copa fashion". *IstoÉ Dinheiro*, 30 jun. 2010. Disponível em: <www.istoedinheiro.com.br/noticias/negocios/20100630/copa-fashion/7957.shtml>. Acesso em 14 jun. 2019.

[6] GALBRAITH, Robert. "Fifa arredonda o jogo das marcas". *Meio&Mensagem*, 9 dez. 2011, p. 10.

[7] ISTOÉ DINHEIRO. "O jogo pesado da Fifa", 7 jul. 2010. Disponível em: <www.istoedinheiro.com.br/noticias/negocios/20100707/jogo-pesado-fifa/4814>. Acesso em 14 jun. 2019.

[8] LUCAS, Tim. "Três lados de uma mesma olimpíada". *Meio&Mensagem*, 16 jul. 2012, p. 42.

[9] CAPELO, Rodrigo. "A guerra das marcas nos Jogos de Londres". *Época Negócios*, 26 jul. 2012. Disponível em: <epocanegocios.globo.com/Inspiracao/Empresa/noticia/2012/07/guerra-das-marcas-nos-jogos-de-londres.html>. Acesso em 14 jun. 2019.

[10] EMMETT, 2010.

[11] Idem.

Oportunidades disfarçadas nas guerras

[1] BELLIS, Mary. "Forest Mars and the history of M&Ms candies". ThoughtCo., 28 jan. 2019. Disponível em: <www.thoughtco.com/history-of-m-and-ms-chocolate-1992159>. Acesso em 19 jun. 2019.

[2] COMITÊ PARALÍMPICO INTERNACIONAL. "Paralympics: History of the movement". Disponível em: <www.paralympic.org/the-ipc/history-of-the-movement>. Acesso em 19 jun. 2019.

[3] WALKER, Mort. *Recruta Zero: Ano Um*. São Paulo: Opera Graphica, 2006, p. 8.

[4] DA SILVEIRA, Evanildo. "O exemplo da Coreia do Sul". Sesc São Paulo, 4 set. 2014. Disponível em: <bit.ly/2JCWhp6>. Acesso em 12 jul. 2019.

[5] GLADWELL, 2014, p. 130.

[6] FOLHA DE S.PAULO. Disponível em: <www1.folha.uol.com.br/ilustrada/2017/11/1938808-contardo-calligaris-revisa-impressoes-em-hello-brasil-e-outros-ensaios.shtml>. Acesso em 12 jul. 2019.

[7] AGOSTINI, Renata e CALAIS, Alexandre. Entrevista com Eduardo Giannetti. *O Estado de S. Paulo*, 25 mar. 2018, p. B5.

[8] COSTA, Ana Clara. Entrevista com Walter Scheidel nas Páginas Amarelas da *Veja*, 17 jan. 2018, p. 17-20.

[9] BIGGAR, Nigel. *In Defence of War*. Oxford: Oxford University Press, 2013, p. 5-7.

[10] DUPRÉ, Ben. *50 grandes ideias da humanidade que você precisa conhecer*. São Paulo: Planeta, 2016, p. 93.

[11] ARQUIVO NACIONAL DO REINO UNIDO. Chamberlain e Hitler, 1938. Disponível em: <www.nationalarchives.gov.uk/education/resources/chamberlain-and-hitler/>. Acesso em 19 jun. 2019.

[12] BIGGAR, 2013, p. 9.

[13] NICOLA, Ubaldo. *Antologia ilustrada de filosofia: Das origens à idade moderna*. São Paulo: Globo, 2005, p. 426.

[14] DUPRÉ, 2016, p. 92.
[15] SAAVEDRA, Miguel de Cervantes. *O engenhoso fidalgo D. Quixote de La Mancha*. São Paulo: Editora 34, 2002, p. 552.
[16] EGGINTON, William. *The Man Who Invented Fiction: How Cervantes Ushered in the Modern World*. Londres: Bloomsbury Publishing, 2016, p. 55.
[17] SAAVEDRA, 2002, p. 547.
[18] EGGINTON, 2016, p. 56.
[19] SAAVEDRA, 2002, contracapa.
[20] FRANKL, Viktor. *Em busca de sentido: Um psicólogo no campo de concentração*. Porto Alegre/São Leopoldo: Editora Sulina/Sinodal, 1987. Disponível em: <mkmouse.com.br/livros/EmBuscaDeSentido-ViktorFrankl.pdf>. Acesso em 19 jun. 2019.
[21] Entrevista com Viktor Frankl em 1985. Disponível em: <www.youtube.com/watch?v=QJoU1nXSZXA>. Acesso em 19 jun. 2019.

Oportunidades disfarçadas nas limitações

[1] SHIMIZU, Heitor. "Apolo 13 vira filme: Houston, temos um problema aqui". *Superinteressante*, 31 out. 2016. Disponível em: <super.abril.com.br/cultura/apolo-13-vira-filme-houston-temos-um-problema-aqui/>. Acesso em 20 jun. 2019.
[2] GLADWELL, Malcolm. "Creation myth". *The New Yorker*, 9 maio 2011. Disponível em: <www.newyorker.com/magazine/2011/05/16/creation-myth>. Acesso em 20 jun. 2019.
[3] NICAS, Jack. "O jovem mexicano que deu início à febre dos drones". *Valor Econômico*, 12 abr. 2015, p. B10.
[4] THE DISCOVERY CHANNEL. *Rise of the Video Game*, documentário, 2007.
[5] VEILLON, Dominique. *Moda & guerra: Um retrato da França ocupada*. Rio de Janeiro: Zahar, 2004, p. 99-120.
[6] KENNEDY, Randy. "Billy Name, Who Glazed Warhol's Factory in Silver, Dies at 76". *The New York Times*, 21 jul. 2016. Disponível em: <www.nytimes.com/2016/07/22/arts/design/billy-name-dead.html>. Acesso em 20 jun. 2019.
[7] LOCKER, J.L. *The Magic of M.C. Escher*. Londres: Thames & Hudson, 2000, p. 117.
[8] POOLE, Steven. "The impossible world of MC Escher". *The Guardian*, 20 jun. 2015. Disponível em: <www.theguardian.com/artanddesign/2015/jun/20/the-impossible-world-of-mc-escher>. Acesso em 20 jun. 2019.
[9] STARREN, Harry. *Think Like a Manager: Don't Act Like One*. Amsterdã: BIS Publishers, 2016, Approache 70.
[10] SHEPPARD, Ruth. *Explorer of the Mind: The Biography of Sigmund Freud*. Londres: Andre Deutsch, 2012, p. 34-39.
[11] CORREA, 2013, p. 123.
[12] CAETANO, Rodrigo. Perfil de Celso Athayde. *IstoÉ Dinheiro*, 25 out. 2017, p. 60-61.
[13] Entrevista com Celso Athayde, 17 jan. 2015. Disponível em: <buzo10.blogspot.com/2015/01/entrevista-exclusiva-com-celso-athayde.html>. Acesso em 20 jun. 2019.
[14] CORREA, Cristiane. *Vicente Falconi: O que importa é resultado*. Rio de Janeiro: Primeira Pessoa, 2017, p. 87-95.

[15] SUPERINTERESSANTE. "Desfiles e batucada: a máquina do samba", 31 out. 2016. Disponível em: <super.abril.com.br/cultura/desfiles-e-batucada-a-maquina-do-samba/>. Acesso em 20 jun. 2019.

Incorporando a mentalidade Oportunidades Disfarçadas

[1] TOREN, Matthew. "3 dirty little habits that will kill your entrepreneurial dreams". *Entrepreneur*, 26 mar. 2015. Disponível em: <www.entrepreneur.com/article/244297>. Acesso em 21 jun. 2019.

[2] GOLEMAN, Daniel. *Foco: A atenção e seu papel fundamental para o sucesso*. Rio de Janeiro: Objetiva, 2013, p. 124.

[3] KIM, Larry. "9 ways to dramatically improve your creativity". *Inc*, 4 nov. 2015. Disponível em: <www.inc.com/larry-kim/9-ways-to-dramatically-improve-your-creativity.html>. Acesso em 21 jun. 2019.

[4] MAYER, Jerry (org.). Bite-size Einstein: Quotations on Just about Everything from the Greatest Mind of the 20th Century. Nova York: St. Martin's Press, 1996.

[5] Palestra "O valor do amanhã" (40"). Disponível em: <www.youtube.com/watch?v=4vYB0rgnzoU>. Acesso em 21 jun. 2019.

[6] CAMPBELL, 1990, p. 160.

Índice remissivo

1º Simpósio Internacional de ALD, 121
3D Robotics, 175

A
ABC, canal, 150
abortos, 129
acaso, atitudes que favorecem, 110-111
    oportunidades disfarçadas no, 31, 48, 107-116
AccorHotels, 137
aceleradoras, 175
acelerar enquanto os outros freiam, 47-48
ações antiéticas, 156-158
Acordo de Paris (2015), 94
Acredite se quiser! (série de TV), 42
Ad Age, 22
Adams, John, 9
"Adi" Dassler, Adolf, 68
Adidas, 10, 67-68, 93, 149, 151
    Nike e, Jogos de Londres (2012), 153
    Nike e, Copa de 2010, 152-153
    nos Jogos de Pequim, 151
Administração Federal de Aviação dos Estados Unidos, 34
África do Sul, 152-156
agência de saúde americana FDA (Food and Drug Administration), 130
agente transformador, 128-130
Ahearn, Kevin, 92
Air Bed and Breakfast (atual Airbnb), 136
Airbnb, 11, 136
Airbus, 68
"Ajude a preservar o último símbolo da Alemanha Oriental", movimento, 51
ALD (adrenoleucodistrofia), 120-121

Alemanha Ocidental, 51-52
Alemanha Oriental, 51
algoritmos, 75
Aliança Nacional de Doenças Mentais dos Estados Unidos (Nami, na sigla em inglês), 119
Alibaba, plataforma de negócios, 11, 140
alimentos, 87-90, 93, 144-146
    contaminação em, 145
    preocupação com a origem dos, 145
    processo de produção dos, 144-145
    transporte de, 181
alimentos "perfeitos", 88
amarelo de Van Gogh, 178
Amazon, 20-21, 23, 58, 69, 140, 142
ambush marketing (marketing de emboscada), 149, 151, 152-158
American Express, 156, 157
American Railway Journal, 115
Amex, 157
    versus Visa, 157-158
    "*You don't need a visa to travel to Norway*" (Você não precisa de visto para ir para a Noruega), slogan, 158
Ampelmann ("homem do semáforo", em alemão), 51-52, 58
Ampelmann Company, 52
Anderson, Chris, 174
Ando, Tadao, 100
Anheuser-Busch, 151
Anna O., paciente, 179
Ansett, 150
apanhador no campo de centeio, O (Salinger), 140
Apollo 13, 172

Apollo 13 – Do desastre ao triunfo, 16
Appel, Jennifer, 110
Apple, 23, 69, 74-75, 132, 133, 164
   mouse da, *versus* mouse da Xerox, 173
aquecedor doméstico, 10
aquecimento global, 86
Arábia Saudita, 36
arame farpado, 138
Arch Deluxe, McDonald's, 61
Argélia, 168
Argentina, 110
Argo, 54
Aristóteles, 11-12
arquitetura, 100-101, 178
arte, investimento em, 42, 43-45, 53, 102-103
artistas de rua, 139-140
As Little Design as Possible (Rams), 74
assinatura, serviços por, 17-18
Assis, Machado de, 129
Associação Desportiva para Deficientes, 162
astronomia, 116
atente-se aos sinais, 113-116
Athayde, Celso, 180-181
ativismo/ativista, 129
aulas de fracasso, 58-62
Aurach, rio, Alemanha, 68
Auschwitz, campo de concentração, 81, 168-169
   tese de Viktor Frankl escrita em, 169-170
Austrália, 111, 150
Autoengano (Giannetti), 56
automação, 11, 22, 59, 71, 73
automação de processos, 23
auxílio de clientes/usuários, 24-25
AVC, 119-120, 128
aviação, 34-35, 72-73
   dirigível, 73, 102
   pássaros e, 34, 72-73
Avis, locadora de carros, 78, 84

B
B2Blue, 90, 94
Bacon, Francis, 190
bactérias salmonela, 145
Ball, Clay, 101, 105
Ball Watch, 101-102, 105
Bambi, 123
bancos, 17, 43, 55, 56, 58, 102, 136
bancos como esculturas de madeira, 90-91

Barks, Carl, 123-124
Barter Books, sebo, 113, 114
Batalha de Lepanto (Grécia), 167-168
Batman, 42
Battle Creek (Cereal City), 31
Bavaria
   e Copa do Mundo de 2006, 156
   e Copa do Mundo de 2010, 155-156
   "A cada oito packs de cerveja, ganhe este vestido laranja", slogan, 156
Be My Eyes, 127
bebida, lei de, 45-46
Becoming the Best (Tornando-se o melhor) (Schulze), 100
BeeGreen, 94
Beija-Flor, escola de samba, 183
Believe it or Not! (série de cartuns), 42
beneficiando-se de adversidades, 68, 99, 103-104, 105, 124, 128, 161-162, 165
Berlin School of Creative Leadership, 137
Berlitz, 30
Berlitz, Maximilian, 29-30
Bernach, Bill, 76
Bernier, John, 21
Best Buy, 10, 21, 100
   serviço Twelpforce, 21, 22
Bezos, Jeff, 58, 142
Bíblia, 71
Big Bang, 116
Big Ben, Londres, 101
big data, 22, 73
Biggar, Nigel, 165-166
Bioquímica do Sistema Nervoso, 121
Birdman, 152
birth control (controle de natalidade), termo, 129
Black Friday, 146
Black List, roteiros de Hollywood, 54, 58
Blackshaw, Pete, 152
Blockbuster, 15
blog, 70
Blu-ray, 42
Boatner, Barbara, 124
Boeing, 68
bolha da internet, 20
bolha imobiliária, 42
Bolívia, 180
bolsa de valores, 20, 46, 102
Bolt, Usain, 155

Borders, livrarias, 20-21
botijões de gás, invenção dos, 102
Bradesco, 149
Brahma, 56, 150
braille, escrita, 127, 128
Braille, Louis, 126-127, 128
Branca de Neve, 123
Brand Failures (Fracassos de marcas) (Haig), 60
Branson, Richard, 121
Braque, 75
Brasil, 9, 16-17, 42, 52-53, 55-56, 59, 60, 63, 72, 89, 90, 102, 105, 134-135, 138-139, 144, 149, 150, 164, 186, 190
    Carnaval e a capacidade de realizar, 182-184
    Copa do Mundo (1950), 52
    recessão, 42-43
    vencendo limitações no, 179-182
Brasil x Uruguai (Copa de 1950), 52
Braun, 74-75
Breuer, Josef, 179
BrewDog, 88
brinquedos, soluções com, 24, 61, 95, 173
Broadway, 82
Brumadinho, rompimento das barragens, 105
Budweiser, 156
Buffalo Bill, 41
bullying, 125
Burbn, 28; *ver também* Instagram
Bureo, 92, 95
Burger King, 68
burnout, 29
Business Week, 32
BuzzFeed, 11, 143

C

caçadores da arca perdida, Os, 124
Caesars Palace, 47
caixa eletrônico, 136
calçados, 23-24, 93, 152
California Coastal Conservancy, 92
Calligaris, Contardo, 164
Calvin Klein, 135
Câmara dos Comuns, 25
Camp, Garrett, 16
Campbell, Joseph, 79, 141, 191
Campbell, sopas, 176
Campinas, SP, 109
campos de concentração, 81, 168-170

canudos de plástico, 92
    proibição no uso dos, 94
capitalismo, 9, 51, 86, 87
cárcere, 168
Carl Barks: Conversations, 124
Carlos II, rei, 104
Carnaval do Rio de Janeiro, desfile, 182-184
Carnegie, Andrew, 10
Carrefour, 37
Carrey, Jim, 121
carros elétricos, 94
Carros, 61-62
Cartier, Jacques, 139
casamento, 46
Casimiro, Dino, 142
cassinos/jogos de azar, 45-46
Catmull, Ed, 37
catolicismo, 14, 71
Cavaleiro da Ordem do Império Britânico, 136
Cazale, John, 81
cegueira, 126-127
cérebro, 119-120
Cervantes, Miguel de, 167-168
cerveja, 88, 151, 156
Cézanne, 103
Chamberlain, Neville, tratado de paz com Adolf Hitler, 166
Chandler, Alfred, 114-115
Change the World (Mude o mundo), lista, 87
Channel 4, "Superhumans", campanha, 161
chapéus franceses, 176
Charan, Ram, 11
Chateaubriand, Assis, 103
Chelsea, estação de trem, Nova York, 53
Cher, 121
Chesky, Brian, 136
China, 90, 94, 140, 148, 151
China in Box, 139
Chipotle, rede mexicana, 145-146
chocolate, 58, 160, 179-180
Choe, David, 108
choques ultraviolentos e socialmente invasivos, 165
Chouinard, Yvon, 86
Christensen, Clayton, 70
Christie, Agatha, 121
Christie, Linford, 158
Chrysler, 10-11
Churchill, Winston, 122, 166

cianureto, 20
ciberataque, 24
ciclo de vida, 91
cientista que curou seu próprio cérebro, A (Taylor), 120
cigarro, 33
Cincinnati, Ohio, 14
cinema, 42-43, 53-54, 68-69, 79-84
Cirque du Soleil, 140
Cisco, 69
Civita, Victor, 52-53
Claridge's Hotel, 88
Cleaver, Sir Anthony, 136
Cleveland, Ohio, 101
Clicquot, Nicole, 118, 128
clientes engajados, 24-26
clientes insatisfeitos, 11, 13-26
Clinton, Bill, 110
Coca-Cola, 31, 68, 93, 148
colecionadores, 90, 102, 113
Collins, Jim, 11, 32, 48, 60
Columbo (série de TV), 125-126
comércio de recicláveis, 87, 90, 93, 94-95
Comic Con, SP, 43
Comitê Olímpico Internacional (COI), 150, 151, 154, 158
Como as gigantes caem (Collins), 32-33
companhias ferroviárias americanas, 114-115
compras pelo celular, 72
computação na nuvem, 22, 23, 70
computadores, 19, 23, 70, 130, 165
comunidades negras americanas, 135
comunidades virtuais, 18-19, 25, 94
concorrência, 15, 16-17, 26, 32, 59, 65-84, 92, 111, 149, 150, 151, 155, 156, 157-158
Conductor, 102
conflitos, 11, 139, 162, 164, 165-167
Conrad, Michael, 137
constrangimento, 16, 32
consumidores, 15, 24-26, 74, 78, 93, 144, 146, 152, 155
    jovens, 93-94
consumismo, 75, 146
consumo de energia, 181-182
"contra a loucura universal da vida rápida", movimento, 144
Converse, 151-152
Cony, Carlos Heitor, 122, 128
Coover, Dr. Harry, 31-32

Copa do Mundo (1950), 52
Copa do Mundo (1994), EUA, 150
Copa do Mundo (2010), África do Sul, 152, 153-154
    Holanda x Dinamarca, 155-156
Copa do Mundo (2014), Brasil, 149
cópia/plágio como elogio, 74-75
"coprodutor", termo, 144
    versus "consumidor", 144
Coreia do Norte, 163
Coreia do Sul, 163, 165
cosmologia moderna, 116
Coupvray, França, 126, 128
credibilidade, 20
crenças religiosas, 14, 169
Criação sem pistolão (Domingos), 140
crianças, 51, 61, 72, 81, 82, 95, 109, 112, 113, 121, 124, 127, 129, 133, 141, 143, 160, 193
criatividade, 11, 44, 46, 54, 57, 77, 100, 137, 140-141, 149, 157, 176-179, 184, 189
crise(s), 11, 112, 146, 188, 193
    de 2008, 22, 32, 42, 47, 110
    do apagão, em 2001, Brasil, 181-182
    do petróleo, 78
    e oportunidades, 39-48
    receita para sair da, 163-164
crowdfunding, 88, 175
crowdsourcing, 18, 25
Crummie, Jamie, 89
cupcakes, 110-111
Curie, Marie, 128
curiosidade, 41, 127, 188-189
customer-centric (centrada no cliente), 19, 20, 21, 22, 23
custos, 16, 17, 20, 23
    corte de, 47, 48

D

Da Vinci, Leonardo, 71
dados, 23, 25, 34, 36, 48, 57, 93, 115
Dama de Ferro, A, 79-80
Darwin, Charles, 66
Davi e Golias (Gladwell), 122
Davidson, Carolyn, 108
Dawson, Jenny, 89
De Niro, Robert, 79
decisões do governo e oportunidades, 135, 139-140

decisões ruins, 36
deficiência, 125-127, 130
  e esporte, 161-162
DeKalb, Illinois, 138
derrame, 119-120
desastres no ar, 33-34, 102
Descartes, 128
descentralização, importância da, 115
desconforto, 187-189
design, 51, 55, 74-75, 91, 95, 100-101, 118, 136, 173, 175, 177, 178
desigualdade social, 165
desperdício de alimentos, 87-90
destruição criativa, 57
destruição por desastres naturais, 99
Devassa, 156
diabo veste Prada, O, 83
Diário Oficial, 94
Dicke, Robert, 116
diferenciação verdadeira, 76
diferencial, 19, 21-22, 69-70, 72-76, 84, 88, 139
dilema da inovação, O (Christensen), 70
direitos humanos, respeito aos, 154
discos de vinil, 111-112
discurso do rei, O, 54
dislexia, 121-122
Disney, Walt, 121
Disney/Pixar Animation Studios, 37, 61-62, 91, 123, 124
Disney Live Action, 62
Disneylândia, 137
divórcio, 46
DIYdrones.com, 174
doações, 88, 95
documentos, análise de, 25
Dollar Shave Club, 17-18
Dom Quixote (Cervantes), 168, 169
Dostoiévski, Fiódor, 168
Doyle Dane Bernbach (DDB), 76, 78
Drogba, 152
drones, 72, 174-175
Drucker, Peter, 11, 56-57
Dubin, Michael, 17-18
Dumas, Alexandre, 128
Dumbo, 123
DuPont, 31, 115
Dupré, Ben, 167
Dylan, Bob, 177

E
E. coli, 145
E.T., 42
Eastman, George, 10
eBay, 133
Economist, The, 52
Edison, Thomas, 10, 122
Editora Abril, 21, 53
editoração digital, 130
Edmondson, Amy, 35
educação, 58-62
educação sexual, 129
Egginton, William, 168
Einstein, Albert, 121, 167, 189
eletrônicos, 21, 87, 93, 99, 100, 140
eletroterapia, 179
Em busca de sentido (Frankl), 169
e-mails e oportunidades, 54, 141-143
emboscadas e oportunidades, 147-158
Emirates, 154
Emmy, 125
"*emotional recall*", 81
empatia, 44, 78
Empire State, Nova York, 53
Empreendedor Social do Ano, prêmio, 180
empreendedorismo, 10, 11, 16, 59, 60, 63, 87, 89, 95, 102, 180
emprego, 59, 60, 141-142, 163, 180
  desemprego, 44, 45, 134, 136
  mão de obra infantil, 143
  taxa de, 11, 40, 41, 43, 59
empresários como "nobres medievais", 57
empresas digitais, 18, 19, 20
  ver também empresas específicas
enfermidades, 82, 119-121, 129, 161
Engineer, 102
Engman, Marcus, 36-37
entretenimento, 41, 42, 44, 123-124, 139-140
equipamentos, investimento em, 47, 111, 112
equipamentos de segurança, 33
equipamentos esportivos, 134
erros como inevitáveis, 34
erros médicos, 35
erros nas empresas, 35-37
erros no ar, 33-35
erros no mar, 33
escândalos, 19-20, 79, 84, 110, 144, 145
Escandinávia, 50
escarlatina, 122

Escher, M. C., 178
escolha de Sofia, A (1982), 81
escolhas conscientes, 77, 86, 145, 165
escravidão, 186
"Escravos de Jó", música, 109
Espanha, 109, 160, 167-168
Estados Unidos, 9, 10, 17, 20, 21, 29, 34, 40, 41, 42, 43-48, 55, 59, 69, 76-77, 78, 88-89, 94, 95, 99, 100, 101, 109, 112, 115, 119, 123, 129, 138-139, 145-146, 150-151, 160, 162, 163, 174-175, 186, 190; *ver também* lugares específicos
Estante Virtual, 134-135
esteja atento, 112-113, 115
estratégia, importância da, 75, 77, 78, 101, 115, 141, 152
Estudos sobre a histeria (Freud e Breuer), 179
Europa, 9, 10, 36, 89, 103, 104, 118, 144, 160, 161
Exame, 135
exorcista, O, 42
exportações, 43, 140, 144

F

Facebook, 24-25, 28, 108, 133
Factory, The, 177
Fail Faster (Fracasse Mais Rápido), curso, 60
FailCon, 60
Falconi, Vicente, 181-182, 188
falência, 10, 20, 32, 58, 62, 70, 112, 150
Falk, Peter, 125-126, 128
fascismo, 177
Fast Company, 143
fast-food, 61
    movimentos contra, 144, 145
fator sorte, O (Wiseman), 113
fatos extraordinários, 41
Faust, Drew, 60
Favela Holding, 180
favelas, 180
Federal Art Project, 43-45
Federer, Roger, 17
Fehlbaum, Rolf, 100
Feitas para durar (Collins), 32
Feitas para vencer (Collins), 32
Felicidade (Giannetti), 56
ferrovias americanas, 101, 114-115
Festival de Cinema de Cannes, 69
Fifa, 151, 154, 156, 157

Fine Art of Donald's Duck, The (Boatner), 124
Fireman, 102
Fischer, Helmut, 68
Fleming, Alexander, 126
foguete, 91
    propulsor de, 31
    reutilizável, 91
Ford, 68, 71, 77, 137
Ford, Henry, 121
formação do universo, som da, 116
Fortune, 33, 87
fotografia, 22, 72-73, 102, 152
    câmera *high speed*, 73
Foursquare, 28
fracasso como correção de rota, 55-58, 59, 190
fracasso como terreno fértil, 57-58, 61
Fraher, Amy, 34
França, Hugo, 90-91
franco-atirador, O, 80
Frankl, Viktor, 168-170
    Logoterapia, 169
    mortes de familiares, 169
    tese escrita em Auschwitz, 169-170
Franklin, Benjamin, 9-10, 186
freelancers, 123
Freud, Sigmund, 166-167, 178-179
    e Einstein, 167
    "livre associação", processo de, 179
Fruta Feia, 88
Fruta Imperfeita, 89
Fuji, 150
Fusca, 76-78

G

Galinha Pintadinha, 109-110
Gandhi, Mahatma, 166
Garantia, banco, 55-56, 58
Garcia, André, 134-135
gás propano, 102
Gates, Bill, 133, 190
Gatorade, e Jogos Olímpicos de Londres (2012), 155
Gebbia, Joe, 136
Gehry, Frank, 100
General Electric, 71
General Motors (GM), 68, 77, 115
genética, 76, 100, 121, 153, 167
Giannetti, Eduardo, 55-56, 58, 164, 190

gibis, 113, 116, 124; *ver também* quadrinhos
Gillette, 17-18
Gilmore, Gary, 132, 146
Gladwell, Malcolm, 122
Glidden, Iowa, 138
Glidden, Joseph, 138
Goleman, Daniel, 188
Google, 69, 133
Google Brain, 189
Google Glass, 135
Grande Depressão (1929), 40, 41-48, 112
Grande Incêndio de Londres, 104, 105
Great Leveler, The (O grande nivelador) (Scheidel), 165
Grécia, 111, 167
Greenpeace, 137
greves, manifestações, 16
Grimshaw, Nicholas, 100
Groen, Lou, 14
Guardian, The, 25, 112
Guerra Civil Espanhola, 160
Guerra da Coreia, 162, 163
Guerra do Vietnã, 80
guerra, legado benéfico da, 161-162
guerras e oportunidades, 159-170
Guinness World Records, 31, 143
Gummer, Don, 81
Guttmann, Ludwig, 161
GZ Media, 112

H
hábitos, 12, 21, 154
hackers, 24, 26
Hadid, Zaha, 100, 105
Haig, Matt, 60
Hanks, Tom, 79
Harvard Business School, 35
Harvard Medical School, 119
Harvey Nichols, 88
Hasbro, 68
Hastings, Reed, 15-16, 43
HBO, 111
Hearst, William, 42
Heckhausen, Markus, 51-52
Hegel, 36
Heineken, 156
Herbie, série, 78
herói de mil faces, O (Campbell), 141
Hershey, Milton, 58

Hershey's, 58
Hertz, locadora de carros, 78
Herzogenaurach, Alemanha, 68
High Line, parque, Nova York, 53
Hindenburg, dirigível, explosão em Nova Jersey, 102
hipnose, 179
histeria, 179
Hitler, Adolf, 76, 78, 166, 168, 176
Holanda, 103-104, 155-156, 161, 177-178
Hollinger, Karen, 83
Hollywood, 42, 47, 54, 79, 80, 83
holocausto, 106
Homem de Ferro, 42
Homer Simpson, personagem, 60
Honest Burgers, 88
honestidade, 35, 76-77
Hopper, Edward, 45
Horácio, 122
Hovey, Dean, 173
Howard, Richard, 141-142
Hsieh, Tony, 23
Huang, Arthur, 90
Hudson, rio, 34, 53
Hugo, Victor, 128
humildade, 62
Hyundai, 164

I
I Festival Internacional do Cinema Publicitário de Cannes, 69
"I Love L.A.", de Randy Newman, 151-152
Iacocca, Lee, 10-11
IBGE, 59, 190
IBM (International Business Machines Corporation), 10, 19, 48, 71, 112, 136
ideias, 30, 37, 46, 50, 57-58, 62, 128, 134-135, 136, 137, 174, 189, 194
identidade, 61, 175
Ideo, centro de design e inovação, 173
Igel, Ernesto, 102
Igreja Ortodoxa, 122
Ikea, 10, 36, 91, 92-93
imigração, 44, 139, 174, 186
impacto social, 57
Imperfect Produce, 89
Imperial College, Londres, 137
imprensa, 20, 91, 182
impressão 3D, 22, 73

In Defence of War (Em defesa da guerra) (Biggar), 165-166
In Search of Excellence (Em busca da excelência) (Peters), 32
Iñárritu, Alejandro, 152
incêndio da boate Kiss, 105
incêndios, 33, 100, 103-105, 106
incerteza, 60, 70, 191, 193
inconsciente, 179
Incríveis, Os, 62
Incrível Hulk/Dr. Bruce Banner, 37
incubadoras, 175
Indiana Jones, 42
indústria cinematográfica, 42-43, 53-54, 68-69, 79-84
indústria de alimentos, 87-90
indústria farmacêutica, 120
Inglaterra, 25, 50, 58, 105, 113, 136
iniciativas ambientais, 25, 85-95, 145
iniciativas governamentais, 87
Iniesta, 152
injustiça, situações de, e paz, 165-166
Innocent Drinks, 155
inovação, 11, 18, 21-22, 23, 25, 36, 45, 46, 47-48, 53, 66, 69-71, 73, 74, 91, 93, 95, 135, 137, 140, 143, 164, 165, 173, 175, 176-177, 188, 191
inovações disruptivas, 22, 70
investidores anjo, 175
insights, 16, 30, 57, 100, 120, 135, 136, 139, 140, 175
inspiração no caos, 22-23, 41-42, 44, 102-103
Instagram, 11, 28
Instituto de Tecnologia de Massachusetts (MIT), 91
Instituto Inhotim, 90, 102
insucesso, 60, 190
Intel, 19, 20, 70
inteligência artificial, 11, 22, 59, 73, 135
Inteligência emocional (Goleman), 188-189
internet, 20-21, 22, 73, 74, 94, 112-113, 133, 136, 143, 152, 165
inundações, 103-104
iPhone, 74
iPod, 20, 74
Irlanda, 92
Irmãos Metralha, personagem, 124
Islândia, 50
IstoÉ Dinheiro, 180

Itália, 120, 144, 164, 177
iTunes, 70
Ive, Jonathan, 74

J

Jack Daniel's, 106
Japão, 10, 138, 139, 163, 164, 175
Jobs, Steve, 74, 130, 173
jogada do século, A (Lewis), 110
jogo, leis de, 45-46
Jogos de Inverno da Noruega (1994), 157-158
Jogos Olímpicos de Atlanta (1996), 152, 158
Jogos Olímpicos de Inverno (2002), Salt Lake City, 151
Jogos Olímpicos de Londres (1948)
    competição para pessoas com deficiência, 161
    e ressocialização, 161-162
Jogos Olímpicos de Londres (2012), 153, 154, 155
Jogos Olímpicos de Los Angeles (1984), 149-152, 156-157
Jogos Olímpicos de Pequim (2008), 148, 151
Jogos Olímpicos de Roma (1960), 161-162
Jogos Olímpicos de Sydney (2000), 150
    "*Share the spirit*" (Compartilhe o espírito), slogan, 150
Jogos Olímpicos de Tóquio (2020), 87
Jogos Olímpicos do Rio de Janeiro (2016), 149
Jogos Paralímpicos de Roma (1960), 161-162
Jogos Paralímpicos do Rio de Janeiro, 161, 162
Johnson & Johnson, 10, 19-20, 84
Johnson, Michael, 152
Joly, Nicholas, 29
judeus, 168-169
Jules Rimet, taça, 52
Just do it, slogan da Nike, 146
Just One More Thing (Falk), 126

K

Kaiser, 150
Kaiser, Henry J., 10
Kaji, Maki, 138
Kalanick, Travis, 16
Kamprad, Ingvar, 36
Kanitz, Stephen, 35-36
"*Keep calm and carry on*", pôster, 113-114

Kellogg, Bill, 30-31
Kellogg, John, 10, 30-31
Kellogg's, 30-31
Kennedy, John, 122
Kia, 164
Kidman, Nicole, 79
King Features, 162-163
Kneppers, Ben, 92
Kodak, 150
Koxa, Rodrigo, 143
Kramer vs. Kramer (1979), 80
Krieger, Mike, 28
Kubrick, Stanley, 178
Kulula, companhia aérea, 154
    "A companhia aérea não oficial de você sabe o quê", slogan, 154
    "A não patrocinadora do evento esportivo que não pode ser mencionado", slogan, 154

L
L'Institut Royal des Jeunes Aveugles, Paris, 127
laboratório de lixo, 90
Lacta, 179-180
LaGuardia, aeroporto (Nova York), 34
Laliberté, Guy, 139-140
lâminas de barbear, 17-18
Lamotte-Beuvron, França, 30
Las Vegas, 10, 45-47
Las Vegas Convention Center, 46
laticínios, 103-104
Lee, Stan, 37
Lego, 10, 24, 25, 93
Lego Architecture, 25
Lego Back to The Future, 25
Lego Big Bang Theory, 25
Lego Ghostbusters, 25
Lego Ideas, 25, 26
Lego Minecraft, 25
Lego Nasa Curiosity Rover, 25
lei estadual nº 14.186 (2010), SP, 94
lei municipal nº 6.384 (2018), Rio de Janeiro, 94
Lemann, Jorge Paulo, 55-56
lentes bifocais, 10
Leonard, Franklin, 54
Levine, Mark, 17-18
Lewis, Michael, 110

Lewis, Sarah, 55
LG, 164
Lichtenstein, Roy, 113
líderes, 10, 11, 36, 48, 59, 60, 63, 70, 80, 101, 144, 166
ligação emocional, 23, 25, 61, 78, 153
Lilienthal, Otto, 72
limão em limonada, 10
limitações, vencendo as, 180-181
limitações e oportunidades, 171-184
limite da diplomacia, 166-167
Lincoln, Abraham, 10
Linich, Billy, 176-177
Lipton, Sasha, 95
literatura e oportunidades, 140-141
"livre associação", processo de, 179
livro como inspiração, 140-141
lixo
    ameaça ambiental, 85-95
    como matéria-prima abundante, 93
    desafios de trabalhar com, 94-95
    mercado livre do, 90
    oportunidades vindas do, 92-95
lixo eletrônico, 93
lixo espacial, 87, 91-92
lixo plástico, 90, 92-93, 94, 95
Lloyds Bank, 136
logística, 115, 135
logística reversa, 94
Logoterapia, 169
logotipos, 108, 158
Lojas Americanas, 56, 179-180
Lollapalooza, 43
London Fire Brigade, 105
Londres, 9, 16, 55, 89, 104, 106, 136-137, 142, 153, 154, 155, 161
Lorenzo, óleo de, 120-121
Lucas, George, 124, 141
Lucasfilm, 62
Luís XVI, rei, 98
Luporini, Marcos, 109-110
Lutero, Martinho, 71
Luther King, Martin, 166

M
M&M's, 160
Ma, Jack, 140
MacCurdy, J. T., 164
Macy, Rowland, 58

Madame Tussauds, museu, 98
madeira, 90-91, 104
Mágico de Oz, O, 99
Magnolia Bakery, 111
malha ferroviária, controle do tempo, 101
Maltin, Leonard, 124
Mamma Mia!, musical, 82
Mandela, Nelson, 166
Manley, Stuart, 113-114
Maquiavel, Nicolau, 112
Mar do Japão, 36
Mar do Leste, 36
Maracanã, estádio, 52-53
marcas infantis, 61, 95, 109-110
"Marcha soldado", música, 109
Marey, Étienne-Jules, 73
Maria Antonieta, rainha, 98
Mariana, rompimento das barragens, 105
marketing de emboscada (*ambush marketing*), 149, 151, 152-158
Mars, Forrest, 160
Marsh, Greg, 136-137
Marvel Studios, 37, 62
Masp (Museu de Arte de São Paulo Assis Chateaubriand), 100, 103
Mattel, 68
Maurits *ver* Escher, M. C.
MB Engenharia, 94
McDonald's, 10, 14, 61-62, 68, 92, 144, 146
McFish, 14
McNamara, Garrett, 142-143
Medalha Nacional de Tecnologia e Inovação (2009), 32
meio ambiente, 25, 85-95, 145
memoriais, 105
Memorial 9/11, Nova York, 105
Memorial do Holocausto, Berlim, 105
Mentah!, 94
mercado digital, 20-21; *ver também empresas específicas*
Meta Zero Acidente, plano, 34
meteorologia, 10
métodos pacifistas, 165-167
México, 110
Michigan, 30-31
Microsoft, 22-23, 70
    Windows, 22, 70
mídia espontânea, 22, 150

"milagre do rio Hudson, O", acidente aéreo, 34-35
milagres econômicos, 164
Mill, John Stuart, 166
Mindstorms, 24, 26
mineração, rompimento de barragens, 105
Miniwiz, 90
Minneapolis, Minnesota, 99
Mira, Carlos, 135
Miyamoto, Shigeru, 175
mobile, 72, 73
mobilidade, 22
Mojave, deserto de, Nevada, 45-47
Monstros S.A., 61
Monument, The, Londres, 105
Morrissey, Paul, 177
Morse, código, 55
Morse, Samuel, 54-55, 58
mortes, 19-20, 81, 106, 114, 118, 129-130, 132, 163, 165, 169, 172, 193
mouse da Apple *versus* mouse da Xerox, 173
mudanças e oportunidades, 23, 24, 44, 70, 143-146, 165, 191
Muñoz, Jordi, 174-175
Museu Nacional, incêndio no, Brasil, 105
música, 42, 43, 82, 109-110, 111-112, 130, 139-140, 177, 178, 182
Musk, Elon, 91-92
Mussolini, Benito, 177
Muybridge, Eadweard, 73

N

Nadella, Satya, 22-23
Nasa, 92, 175
National Academy of Design, 55
National Inventors Hall of Fame, 31
Nazaré, Portugal, 142-143
nazismo, 81, 166, 168-169, 170, 176
Nestlé, 93
Netflix, 11, 15-16, 43, 133, 137
neurociência, 119-120, 161
New Deal, 43-45
New York Post, 41
New York Times, The, 76, 146
Ng, Andrew, 189
Nicely, Thomas, 19
Nicholson, Jack, 79
Nielsen, 152-153

Nietzsche, 194
Nike, 10, 68, 108, 132, 146
    emboscadas, 151-153
    mão de obra infantil, 143
    personalização, "*sweatshop*", 143
Ning, Li, 151
Nintendo, 175-176
    Wii, 174
Nisbett, Richard, 190
nível dos oceanos, 86
"Noite feliz", música, 82
Nolte, Nick, 121
Nova Jersey, EUA, 95, 102
Nubank, 11, 17

O

O'Keeffe, Georgia, 45
Obama, Barack, 32
Ocado, 89
oceanos, resíduos plásticos nos, 92, 93
Odeo, 70; *ver também* Twitter
Odone, Augusto, 120-121
Odone, Lorenzo, 120-121
Odone, Michaela, 120-121
Ohno, Taiichi, 10
Okura, Mayura, 90
óleo da oliveira *ver* Lorenzo, óleo de
óleo de Lorenzo, O, 121
Oliveira, Nancy e Joaquim, 138-139
Olivetto, Washington, 122
ondas gigantes, 142-143
Onefinestay, 136-137
ONGs, 87
"Oops! Who's excellent now?" (*Business Week*), 32
oportunidades e *combater* as mudanças, 143-144
Oportunidades disfarçadas, livro 1, 10, 103
Oportunidades Disfarçadas, mentalidade, 9, 10, 11-12, 185-191, 193, 194
oportunidades e viagens, 133, 138-139
"*opportunity in disguise*", 9
Organização das Nações Unidas (ONU), 88, 154, 180
Organização Mundial da Saúde (OMS), 128
origem dos mitos, 141
Oscar/Academia, 53, 54, 79-81, 83, 123, 125, 152
ousadia, 17, 21, 46, 72, 77, 93, 100, 111-112, 115, 143, 155, 157, 176

P

Pacífico, oceano, 92
Pacto de Plásticos do Reino Unido (2018), 93
Paddy Power, e Jogos Olímpicos de Londres (2012), 154
Palance, Jack, 42
Panteão de Paris, 128
Paraguai, 180
Paraíso do Tuiuti, 183
parcerias, 24, 25, 62, 92, 136, 163-164
Paris, França, 16, 53, 94, 126-127
Parker, Sarah Jessica, 111
Parlamento do Reino Unido, 80
Páscoa, soluções para vendas, 179-180
Pasteur, Louis, 126
Patagonia, grife argentina, 75, 86, 92, 146
Pato Donald, personagem, 124
patrocínios, 43, 148-158
Paz, Bernardo, 102-103
paz e situações de injustiça, 165-166
Pelc, Zdeněk, 111-112
penicilina, 126
Penzias, Arno, 116
Pepsi, 31, 68, 93
    versus Coca-Cola, 148
Peretti, Jonah, 143
pesquisas colaborativas, 25
Peters, Tom, 32
Petrini, Carlo, 144
Peugeot, 125
Picasso, Pablo, 44, 75, 121
Pilcher, Percy, 72
pílula anticoncepcional, 129-130
Pincus, Gregory, 129
Pinóquio, 123
Pixar/Disney, 37, 61-62, 91, 123, 124
Placar, revista, 52-53
plágio, 74-75
plástico, 90, 92-93, 94, 95
Plunkett, Dr. Roy, 31
podcasting, 70
poder do fracasso, O (Lewis), 55
poliomielite, 122
Política Nacional de Resíduos Sólidos (2010), 90
Pollock, Jackson, 45

Polônia, 166
poluição marinha, 92-93
pontes de Madison, As (1995), 81
pontualidade, 101, 105-106, 182-184
Pop Art, movimento, 113
Poppen, Sherman, 134
Portugal, 88, 109, 142-143
pós-guerra, 76, 114
"*post mortem* do problema", 35-36
Prado, Juliano, 109-110
preconceito, 80, 118, 125, 128, 139
    e fracasso, 59, 62, 190
Prêmio Nobel de Física (1978), 116
Prêmio Pulitzer, 115
Primavera, editora de revistas, 52
problema como oportunidade disfarçada, 9, 11, 12, 15-16, 24; *ver também* obstáculos específicos
Procter & Gamble, 93
Procurando Nemo, 62
product-centric (centrada no produto), 19, 20, 22
produtos "vaca leiteira", 70
Professor Pardal, personagem, 124
propósito, 25, 76, 89, 145, 177
protestantismo, 71
protótipos, 95, 173, 175
Pontifícia Universidade Católica (PUC), 134
Puma, 10, 67-68, 158
puzzles, 138

Q

Qantas Airways, 150
    "*The spirit of Australia*" (O espírito da Austrália), slogan, 150
quadrinhos, 37, 41-43, 113, 123-124, 162
Quebec, Canadá, 139-140
Quem quer ser um milionário?, 54
Quênia, 72
questão ambiental, 25; *ver também* meio ambiente
questões sociais, 93, 145
Quintana, Mario, 178

R

raciocínio, 36, 127
radiotelescópio, 116
Railroad, 102

Rams, Dieter, 74-75
Randolph, Marc, 15-16
recessão brasileira, 42-43
recessão *ver* crise(s)
reciclagem, 87, 90, 93, 94-95, 146
Recruta Zero, 162-163
recuperação de empresas, 21, 145-146
recuperação pessoal, 119-120, 122, 188
recursos e imaginação, 176-179
Red Bull, 75
redes de pesca, 92
redes sociais, 21, 22, 24, 28, 73, 93-94, 133
Reebok, 151-152, 158
Reed, Lou, 177
Reeves, Keanu, 121
reflexão, 44, 61
    sobre a essência das coisas, 77
Reforma Protestante (1517), 71
regresso, O, 152
Reino Unido, 50, 80, 88, 89, 92-93, 111, 112, 114, 136, 142, 182
reinventar o comum, 45, 178
Rembrandt, 103
Renoir, 103
resiliência, 59-60, 137, 190-191
"reuse, recicle e reutilize", comportamento, 146
Revolução Francesa, 98
Revolução Industrial, 9
revolução sexual, 129-130
revolução tecnológica, 11, 71
Ripley, Robert, 41-42, 48
Rise from Fire, 106
Robinson, Mary, 154
robótica, 24, 71, 135
Rockefeller Center, 53
Rockefeller, John, 10
Rodin, 103
Rodrigues, Magim, 179-180
Rodrigues, Nelson, 184
Rolling Stones, 178
Romário, 150
Ronaldinho, 152
Ronaldo, Cristiano, 152
Roosevelt, Franklin, 43-45, 48
Ross, Lee, 190
roteiros, 54, 125, 141
Rousseau, Jean-Jacques, 166

Royal Academy of Arts, Londres, 55
Royal Albert Hall, Londres, 16
Ruanda, 72
Rubies in the Rubble, 89
"Rudi" Dassler, Rudolf, 68
Rússia, 36

S

Sachs, Goldman, 142
Saint Patrick, 41
Salinger, J. D., 140
Samsung, 69, 164
San Jacinto, Califórnia, 123
Sanger, Margaret, 129-130
Santayana, George, 105
Santo Agostinho, 166
Santos Dumont, 72, 73
São Francisco, Califórnia, 16, 136, 139
"sapo não lava o pé, O", música, 109
Sarandon, Susan, 121
Sardenberg, Ricardo, 102-103
saúde mental, 178-179
Sawa: Screen Advertising World Association (Associação Mundial de Publicidade no Cinema), 69
Scheidel, Walter, 165
Schulze, Richard, 99-100
Schumpeter, Joseph, 57
Se beber, não case, 47
Sears, 115
sebos, 113-114, 134-135
Second Chance Toys, 95
Segunda Guerra Mundial, 31-32, 81, 103, 114, 123, 139, 161-162, 176
segurança psicológica, ambiente de, 35-36
Senhor dos Anéis, O (Tolkien), 50
senso comum, 75, 146, 188
Serpico, 42
Sex and The City, série de TV, 111
Shakespeare, William, 190
Shiba, Robinson, 139
sinusite, 123-124
sistema neurológico, 120
Sistema Toyota de Produção, 10
Skype, 142
slogans, 132
    "A cada oito packs de cerveja, ganhe este vestido laranja", Bavaria, 156

    "A cerveja não oficial dos Jogos de Inverno de 2002", Wasatch Beers, 151
    "A companhia aérea não oficial de você sabe o quê", Kulula, 154
    "A não patrocinadora do evento esportivo que não pode ser mencionado", Kulula, 154
    "A número 1", Brahma, 150
    "*Anything is possible*" (Tudo é possível), 151
    "Find your Greatness" (Encontre sua grandeza), Nike, 153
    "*I love New York*", 114
    "*Impossible is nothing*" (Nada é impossível), Adidas, 151
    "Não compre meus produtos", Patagonia, 146
    "O que acontece em Vegas fica em Vegas", 46
    "Onde o hambúrguer chega, o Roquefort morre", 144
    "Pense pequeno", Fusca, 77
    "*Since 1891, accuracy under adverse conditions*" (Desde 1891, precisão sob condições adversas), Ball Watch, 102
    "*The spirit of Australia*" (O espírito da Austrália), Qantas Airways, 150
    "*We try harder*" (Nós nos esforçamos mais), Avis, 78
    "Write the future" (Escreva o futuro), Nike, 152
Slow Food Movement, 144-145
smartphones, 22
Snapchat, 137
snowboard, prancha de, 134
soberania nacional, 36, 154
softwares, 134, 174
Søndergaard, Theis, 18-19
"Sonho Americano", surgimento da expressão, 40
Sony, 164
Sound of Music, The, loja nos EUA, 99-100
SpaceX, 91-92, 137
Spider, quadrinhos, 162-163
Spielberg, Steven, 124
Spotlight: Segredos revelados, 54
Sprout World, 91
Standard Oil (atual Exxon), 115
Star Princess, incêndio, 33
Star Wars, 141
Starbucks, 92

startups, 15, 18, 53, 62, 70-71, 87, 90-91, 92, 94, 108, 135, 142
    compra por empresas grandes, 70-71
    ver também empresas específicas
Station F, Paris, 53
Stausholm, Michael, 91
Stoke Mandeville, hospital, Grã-Bretanha, 161
Stover, David, 92
Strategy and Structure (Estratégia e estrutura) (Chandler), 115
streaming, 69
Streep, Meryl, 79-83
Success-Failure Project (Projeto Sucesso-Fracasso), curso, 59-60
Sudoku, 138
Suíça, 177, 178
Sully, Chesley, 34
Super Bonder, 32
Super Mario Bros., 175-176
sustentabilidade, 87, 90, 93, 95, 146
Systrom, Kevin, 28

T

tarte Tatin, 30
Tatin, Stéphanie e Caroline, 30
Taurus, 132
taxa de mortalidade, 72, 129
taxis, serviços de, 16-19, 133
Taylor, Ella, 81
Taylor, Jill Bolte, 119-120, 128
TED, 120
Teenie Beanies, promoção, McDonald's, 61
Teflon, 31
telégrafo, 55
Tennessee Fire, uísque, 106
Teoria da Evolução das Espécies (Darwin), 66
terceirização, 20-21
terrorismo, 19-20, 46-47, 102, 103, 106
Tesla, 94
Tesla, Nikola, 122, 128-129
Tezuka, Takashi, 175
Thatcher, Margaret, 79-80
Thinking Through Crisis (Avaliando crises) (Fraher), 34
Thomson, Alice, 133
Time, 120, 152
Times, The, 133
Tio João, 138-139
Tio Patinhas, personagem, 124

Titanic, 33
Tolkien, J.R.R., 50, 58
Tolstói, Liev, 91
Too Good to Go, 89-90
Torey, Allysa, 110
tornado, 99, 100
Tornado Sale, 99
Torre Eiffel, Paris, 73
Torres Gêmeas, ataque às, 46, 102
tow-in surfing, modalidade de surfe, 142
Toyota, 10, 164
trabalho árduo, 110-111, 115, 181
Trainmaster, 102
Trancoso, BA, 91
transações financeiras via *mobile*, 72
transformando desvantagens em vantagens, 75-79, 84, 103
transmissão esportiva, 150
transporte de cargas, aplicativos para, 135
trens, desastre entre, 101-102
Trópicos utópicos (Giannetti), 56
TruckPad, 135
tuberculose, 129
Turner, Ted, 121
Tussaud, Madame, 98
TV, popularização da, 68-69
Twitter, 21, 70
Tylenol, 19-20, 84

U

Uber, 11, 16, 19, 133, 142
Ultraboost, Adidas, 93
Ultragaz, 102
Uncle Ben, 138
União Soviética, 163
unicórnio, empresas, 17, 135
Unilever, 18, 93
United Launch Alliance, 92
United States Census Bureau, 47
Universidade da Pensilvânia, 10
Universidade de Lynchburg, 19
Universidade de Nova York, 55
Universidade de Oxford, 50, 55, 56, 165, 167
Universidade de São Paulo (USP), 90
Universidade de Stanford, 17, 60, 130
Universidade de Princeton, 116
Universidade Harvard, 35, 59-60, 114, 119, 180
Universidade Yale, 81

universo, 116
Urban Orchard, 88
Uruguai, 52

V
"vá para Beleléu", 62-63
Vale do Silício, 112, 135
Valeparaibano, 67
"valor do amanhã, O" (Giannetti), palestra, 190-191
valor do amanhã, O (Giannetti), 56
Valor Econômico, 9
valores olímpicos, 153
Van Gogh, Theo, 178
Van Gogh, Vincent, 178
vantagem competitiva, 82-83, 93
Vaticano, 91
VejaSP, 21
Vélez, David, 17
vencendo as limitações, 180-181
vencendo limitações no Brasil, 179-182
Verne, Júlio, 31
Veuve Clicquot New Generation, prêmio, 89
Veuve Clicquot, 118
VHS, 42
vida familiar e profissional, oportunidades na, 134-135
Viena, Áustria, 57
vinhos, 18-19, 144
virais, 143
Visa, 156
    "As Olimpíadas não aceitam American Express", slogan, 157
    versus Amex, 157-158
Visible Hand, The: The Managerial Revolution in American Business (A mão visível: A revolução gerencial nas empresas americanas) (Chandler), 115
Vision 2020, 128
Vitra, 10, 100, 101
Vitra Campus, Alemanha, 100-101, 105
Vivino, 19

Volkswagen, 10, 76, 77, 84, 164
Voltaire, 128
vulnerabilidade e ousadia, 71-72

W
Waitrose, 89
Walker, Morton (Mort), 162-163
Walmart, 36
Warhol, Andy, 176-177
Wasatch Beers, 151
    "A cerveja não oficial dos Jogos de Inverno de 2002", slogan, 151
Washington Post, 20
Watson, Thomas, 48
Weil am Rhein, Alemanha, 100
Weil, Thierry, 154
Welch, Jack, 11
Welsh, Jerry, 156-157
Whole Foods, 89
Wieden, Dan, 146
Wilson, Chris, 89
Wilson, Robert, 116
Wired, 174
Wiseman, Richard, 113
Wonder, Stevie, 121
World Report on Disability 2010, 128
Wright, Simon, 87-88
Wright, Wilbur e Orville, 72-73

X
Xangai, China, 94
Xerox, 146, 173

Y
YouTube, 18, 109, 110

Z
Zappos, 23-24
zepelins, 102
zona de conforto, 67
Zuckerberg, Mark, 133

Para saber mais sobre os títulos e autores da Editora Sextante,
visite o nosso site e siga as nossas redes sociais.
Além de informações sobre os próximos lançamentos,
você terá acesso a conteúdos exclusivos
e poderá participar de promoções e sorteios.

sextante.com.br